Olli Dittrich
Das wirklich wahre Leben

W0178174

## Zu diesem Buch

Wer kennt nicht den »Spocht«, die Figur des »Dittsche«, »die Doofen«? Olli Dittrich hat die deutsche Comedy geprägt wie kaum ein anderer. Durch seine Vielseitigkeit gelingt ihm das seltene Kunststück, gleichzeitig massentauglich und der Liebling des Feuilletons zu sein. Hier ist er Olli Dittrich: Im Gespräch mit Anne Ameri-Siemens sucht er die Orte auf, die für sein Leben und für seine Karriere von Bedeutung waren. Er spricht offen und sehr persönlich, aber auch mit scharfem Blick über das, was ihm wichtig ist: über die deutsche Gesellschaft und ihre Macken, über Fußball, die Liebe und seine Weggefährten.

Unveröffentlichte Geschichten, Szenen und Lieder machen dieses Buch zu einem ebenso amüsanten wie erhellenden Blick in das wirklich wahre Leben.

*Olli Dittrich,* geboren 1956 in Offenbach, gilt als einer der profiliertesten deutschen Unterhaltungskünstler, ausgezeichnet u. a. drei Mal mit dem Grimme-Preis, der Goldenen Kamera und dem Deutschen Fernsehpreis. Der WDR zeigt ihn seit 2004 in »Dittsche – das wirklich wahre Leben«.

*Anne Ameri-Siemens,* geboren 1974 in Frankfurt am Main, wurde für ihr Buch »Für die RAF war er das System, für mich der Vater« 2007 mit dem internationalen Buchpreis Corine ausgezeichnet. Ihre einfühlsamen Interviews erscheinen u. a. in der *Süddeutschen Zeitung* und der *Frankfurter Allgemeinen Sonntagszeitung.*

Olli Dittrich
Mit Anne Ameri-Siemens

# Das wirklich wahre Leben

Mit 91 Abbildungen

Piper München Zürich

*Mehr über unsere Autoren und Bücher:*
*www.piper.de*


Für die Bildbearbeitung danken wir Beba Lindhorst

MIX
Papier aus verantwor-
tungsvollen Quellen
FSC® C014496

Ungekürzte Taschenbuchausgabe
August 2012
© 2011 Piper Verlag GmbH, München
Umschlaggestaltung: semper smile, München
Umschlagabbildung: Mathias Bothor/Photoselection
(Fotos von Olli Dittrich)
Satz: Kösel, Krugzell
Gesetzt aus der Whitman
Papier: Munken Print von Arctic Paper Munkedals AB, Schweden
Druck und Bindung: GGP Media GmbH, Pößneck
Printed in Germany    ISBN 978-3-492-30010-0

*Für Jonathan*

# Inhalt

Oliver, 5 Wochen alt

*Zeichnung von Gisela Dittrich, Dezember 1956*

# Für Olli Dittrich

Über 80 Jahre hat es gedauert, bis ich Olli Dittrich zum ersten Mal gegenübersaß. Das war reichlich spät, aber eine erstaunliche Erfahrung. Ich habe jemanden kennengelernt, dessen Ideen mich entzücken, zumal sie sich scheinbar leichter Hand, gewissermaßen zwanglos in jenen Dialogen wiederfinden, um die ich mich bis heute mühe.

Niemals hat mich der Gedankenaustausch zwischen einer Taxifahrerin und ihrem Kunden mehr fasziniert als zwischen Anke Engelke und Olli Dittrich. Niemand sonst gelingt es, an der Theke einer Eppendorfer Imbissstube im weißblaugrauen Bademantel den Wahnsinn bürgerlicher Monologe in pure Wonne einzutauschen.

PS: Und Olli ist als Beckenbauer noch genauer als Beckenbauers Beckenbauer.

*Loriot*

# Rocket Man lebt

Es war im Sommer 1972. Ich war 16 und trug zum ersten Mal eine modische Hose. Nichts Durchgereichtes von meinem älteren Bruder, nein nein, meine erste *eigene*, ein schlichter Traum. Diese Hose gab mir das Gefühl, noch eine Nummer größer zu sein als Volker Bornemann, der mit seinem neuen Parka über den Schulhof des Alstertal-Gymnasiums schob und uns andere Jungs ziemlich alt aussehen ließ. Es handelte sich um das Top-Modell aus der Litfaßsäulenwerbung, eine echte »Jinglers-Jeans« von C & A, die in Wahrheit aber gar keine Jeans, sondern eine weinrote Feincordhose mit reichlich Schlag war und am rechten unteren Hosenbein ein Glöckchen hatte. Sie saß perfekt auf den Hüftknochen und ich werde nie vergessen, wie ich an jenem Samstagnachmittag im Sommer in die Schlaufen dieser Hose einen zigarettenschachtelbreiten braunen Ledergürtel montierte, dessen vernickelte Schnalle ungefähr das Gewicht eines Wagenhebers hatte. An den Füßen trug ich weiße Cloggs, das waren dicke Holzpantinen mit Lederummantelung, und mein hellblaues Hemd war mit weißen Blümchen bedruckt. Der Kragen ging mir fast bis zu den Ohren, und die Kragenspitzen waren jeweils so groß wie ein Stück Schwarzwälder Kirschtorte. Die Ärmel hatte ich lässig bis unter die Ellenbogen gekrempelt, ein silbernes Gliederkettchen mit der Gravur »Love« zierte das rechte Handgelenk, ein silber-

*Olli Dittrich beim Elton-John-Konzert, 2010*

ner Kaugummiautomatenring steckte am linken Ringfin-
ger, und ein eng sitzendes Lederbändchen, an dem eine
kleine, vergilbte Plastikfaust baumelte, lag um meinen
Hals. Meine Matte ging mir bis zu den Schultern, und ich
hatte trotz des fiesen Mittelscheitels zum ersten Mal das
Gefühl, nicht mehr wie ein Mädchen auszusehen.

Ich war verliebt. Sie hieß Regina und war ab heute
meine Freundin. Ich weiß noch genau, wie ich sie zwei
Tage zuvor im Fußgängertunnel am Langenhorner Markt
fragte, ob sie mit mir gehen will. Regina willigte ein,
meinte aber, da müsse sie ja wohl erst mit Fiete schlussma-
chen, was aber reine Formsache sei. Das fand ich astrein
von Regina. Jetzt war ich auf dem Weg zu ihr. Treffpunkt
U-Bahnhof Kiwittsmoor. Ich hatte extra meine Wandergitarre dabei, die ich natürlich ohne Tasche total locker
auf der rechten Schulter trug. Eine Pose, die ich zuvor auf

einem Daniel Gerard-Plattencover gesehen hatte. Daniel trug ebenfalls eine weinrote Schlaghose mit breitem Gürtel, dazu ein tailliertes Oberhemd und stand mit geschulterter Gitarre im Gras. Das entsprach total meinen Vorstellungen eines wirklich überzeugenden romantischen Auftritts. Als ich den U-Bahnhof verließ, konnte ich Regina schon sehen. Erst ihr lächelndes Gesicht, ihre schulterlangen, hellbraunen Haare, die so bezaubernd in der Sonne glänzten, und dann ihre wunderschönen Beine. Sie lehnte in einem blauen Minikleid lässig am Kotflügel eines beigefarbenen Opel Kadett, der auf der anderen Straßenseite geparkt war. Sie winkte mir zu. Wie von Sinnen, geblendet von so viel Anmut, so viel Schönheit, eierte ich in meiner neuen Montur, mit Wandergitarre für zwanzig Mark auf dem Ast, stolz wie Oskar über die Straße und brachte so gerade mal eben noch halblaut ein wackeliges »Hallo« über die Lippen. Sie antwortete nicht, lächelte nur und während ich ihr näher kam, konnte ich den milden Duft ihrer Haut riechen. Ich war wie betäubt, tausend Engel schwirrten um mich herum, und ich hörte plötzlich wunderschöne Musik. Diesen Moment werde ich niemals im Leben vergessen, denn es war nicht irgendeine Musik, es war der wunderschönste Popsong, den ich jemals zuvor gehört hatte. Und das nicht nur, weil er in diesem Moment alles über mich sagte: es war »Rocket Man« von Elton John. Er kam aus dem Autoradio im Kadett. Die Autotür öffnete sich, und jemand stieg aus, deshalb wurde die Musik auch schlagartig so laut. Dieser Jemand war Fiete. Er legte seinen Arm um Regina, küsste sie und sagte zu mir: »Wird nichts, Alter.«

# Aus Dir wird nie etwas

Schule • Fußball • Erste Liebe

*Märzsonne über Hamburg, das heute so hell, blitzblank und freundlich tut, als sei Regen hier die Ausnahme. Olli Dittrich sitzt am Steuer seines Wagens und navigiert in den Norden der Stadt. Wie bei allen Gesprächen für dieses Buch hat er den Ort eben erst erfahren. Unser heutiges Ziel: Das Gymnasium Alstertal, das er Ende der Sechziger-, Anfang der Siebzigerjahre besuchte. Er ist in Plauderlaune, vergnügt und aufgeräumt wie sein Auto, das unglaublich gepflegt ist – vor allem vor dem Hintergrund, dass es als Gefährt dient, wenn er mit seiner Band »Texas Lightning« durch die Republik tourt. Olli ist für die kühlen Temperaturen draußen gerüstet, trägt eine dicke Jacke, Jeans, weiße Chucks, einen dunkelblauen Pullover mit Reißverschluss am Kragen. Sein jungenhaftes Gesicht lässt ihn so aussehen, als sei die Schulzeit noch nicht allzu lange her.*

**Warst Du der Lustige in der Klasse?**
Wenn ich nicht gerade wieder eine Fünf oder Sechs in Mathe oder Physik zurückbekam, unbedingt.

**Und hat einer Deiner Lehrer vorausgesehen, was aus Dir werden würde?**
Nein, aber das hätte damals wahrscheinlich auch sonst niemand getan, denn kreative, künstlerische Eigenschaf-

*Suederschule Langenhorn, 1968, untere Reihe 2. von links*

ten hatten einen anderen Stellenwert als in der heutigen Zeit, wenn es ums Berufsziel ging. Als ich Ende der Sechzigerjahre zur Schule ging, zählte es etwas, gute Zensuren zu haben, vor allem in naturwissenschaftlichen Fächern. Was bei mir selten der Fall war. Keine glorreiche Zeit, meine Schulkarriere. Zwei Mal blieb ich sitzen, einmal in der 6. Klasse, später in der 8. – und in der 9. wäre es beinahe wieder so weit gewesen. Sechs Fünfen und eine Sechs, so sah mein bitterstes Zeugnis aus. Ich wechselte nach der 9. Klasse vom Gymnasium auf die Realschule, und von ihr wiederum verabschiedete ich mich mit der Mittleren Reife – wobei ich gestehen muss, dass der Abschluss eher erschummelt war, zumindest was die Matheprüfung anging.

Man kann sich vor dem Hintergrund sicher leicht vorstellen: Es brachte bei Lehrern keine Pluspunkte, der Spaßmacher in der Klasse zu sein. Zukunftsprognosen, die mir gemacht wurden, gingen eher in die Richtung: »Aus Dir wird nie etwas.« Da half auch meine eins in Kunsterziehung nicht. 1975 die Schule zu verlassen brachte ein neues Lebensgefühl, endlich war ich den Druck los, der mit ihr immer verbunden war. Die Welt der Hamburger Staatsoper, an der ich meine Lehre als Theatermaler begann, war dagegen faszinierend, aufregend, so viel freier.

## FREIE UND HANSESTADT HAMBURG

Gymnasium Alstertal
2 Hamburg 63, Erdkampsweg 89
Fernsprecher: 5 91 05 - 3 03
Behördennetz: 9.06 - 3 03

### ABGANGSZEUGNIS

für Oliver Dittrich          geboren am 20.11.56      Klasse 9b

Er/Sie verläßt die Schule, da er die Realschule Eschenweg besuchen soll.

| | | | | |
|---|---|---|---|---|
| Deutsch s: 3) m: 2) gut | | Mathematik | mangelhaft | |
| Englisch | befriedigend | Naturlehre u. Technik | – | |
| Französisch s.5) m.4) mangelhaft | | Biologie | ausreichend | |
| Russisch | – | Physik | ausreichend | |
| Spanisch | – | Chemie s. 3) m. 4) befriedigend | | |
| Latein | – | Religion | – | |
| Griechisch | – | Erdkunde | – | |
| Musik | gut | Geschichte | befriedigend | |
| Bildende Kunst | sehr gut | Sozialkunde | – | |
| Sport | Attest | | | |

Bemerkungen:

Hamburg, den 14. 11. 1973

_____          _____
Schulleiter                    Klassenlehrer

Abstufung der Zeugnisse: 1 = sehr gut; 2 = gut; 3 = befriedigend; 4 = ausreichend; 5 = mangelhaft; 6 = ungenügend

Gy 17 (Klasse 5 - 11) 3500 3. 73 HW

*Abgangszeugnis Gymnasium Alstertal, 1973*

Olli Dittrich parkt seinen Wagen neben dem Sportplatz der Schule. Der Anblick der beiden Fußballtore und der blassroten Aschenbahn, die den Platz umrahmt, bringt das erste wahrhaftig breite Lächeln in sein Gesicht. Er berichtet von der Fußball-B-Jugend, in der er beim TuS Alstertal spielte, und ebenso fröhlich von den vielen Tausendmeterläufen, die er hier auf dem Platz durchhielt. Ganz offensichtlich gehört er zu den Menschen, bei denen der Schulsport keine schlimmen Erinnerungen an demütigende Motivationsreden des Sportlehrers hinterlassen hat: Man müsse sich mehr anstrengen, sich selbst innerlich anfeuern und sich mal anschauen, wie schnell die anderen beim Sprinten seien – erstaunlich eigentlich, dass die meisten Worte in diesen Appellen, die gefühlt Stunden dauerten, immer mit »an-« begannen. All das scheint Olli nie gekümmert zu haben. Oder?

**Wurdest Du beim Völkerballspielen als einer der Ersten in die Mannschaft gewählt?**
Ich war schon meistens unter den Ersten, deren Namen aufgerufen wurden. Allerdings beim Fußball. Völkerball haben wir eigentlich nicht gespielt im Sportunterricht.

**Bei Bundesjugendspielen: Ehren- oder Siegerurkunde?**
Immer nur die Siegerurkunde. Ich war ein guter Läufer, Sprint und Mittelstrecke. Weitsprung so lala. Miserabel im Weitwurf.

Wir überqueren den Schulhof. Einige Meter vom Haupteingang entfernt stehen ein paar Tischtennisplatten. Eine Neuerung, stellt Olli fest. Seinerzeit gab es sie noch nicht. Auf einer Seite des Schulhofs ragt ein Fußballtor aus dem Asphaltboden, das jetzt, am Nachmittag, da keiner spielt, auf seinem Einzel-

*posten ohne Gegenüber gleich noch einsamer wirkt. Die Rau-*
*cherecke sei daneben gewesen, erzählt Olli – geraucht habe er*
*aber erst später, als er auf die Realschule wechselte. Und heute*
*schon lange nicht mehr.*

*Es geht ein paar Stufen hoch, schon steht man im Schulkor-*
*ridor. Die Wände sind hell, es gibt viele Türen, weit weniger*
*Fenster, und der Boden hat die typische Schulbodenfarbe, die*
*irgendwie undefinierbar ist, aber praktisch, weil sie Flecken*
*und Schmutz schluckt. Eine reizende kleine Dame, rotwangig,*
*mit warmer Stimme, tritt auf den Flur und begrüßt Olli Ditt-*
*rich herzlich, man habe ihn ja schon erwartet. Sie bittet in ihr*
*Büro und zieht dann gleich ein Foto von »Dittsche« aus ihrer*
*Handtasche hervor. Olli antwortet auf alle Fragen, die sie zur*
*Sendung hat. Darüber kommen die beiden ins Plaudern, was*
*aus diesem Lehrer wurde, bei dem Olli Unterricht hatte, und*
*aus jenem? Einige kennt die Sekretärin noch persönlich. Wäh-*
*rend sie aufzählt, hört er interessiert zu und betrachtet gleich-*
*zeitig mit Neugier ihren Schreibtisch, der voller Bücher und*
*Papiere ist und seine eigene Ordnung haben muss. Auf ihre*
*Frage, ob er gern zur Schule gegangen sei, reicht ihm ein Satz,*
*um alles zu sagen: »Ich gründete damals meine erste Band,*
*machte mit großer Leidenschaft Musik und spielte viel Fuß-*
*ball.« Die Sekretärin nickt und lächelt: »Sehen Sie sich ruhig*
*überall im Gebäude um« – und damit beginnt die Tour durch*
*die Schule. Olli schnurrt die Namen seiner Lehrer herunter,*
*während wir den Korridor entlanggehen. »Hier in dem Raum*
*hatte ich bei Herrn Buhse Unterricht, gegenüber bei Herrn*
*Dr. Diercks, dort hinten links bei Herrn Werner und da vorne*
*bei Herrn Westphal, meinem früheren Mathematik- und Phy-*
*siklehrer. Sein Name begleitet mich bis heute, da ich Figuren,*
*die ich spiele, grundsätzlich Namen aus dem wahren Leben*
*gebe – seiner stand schon Pate für eine Comicfigur, die ich*

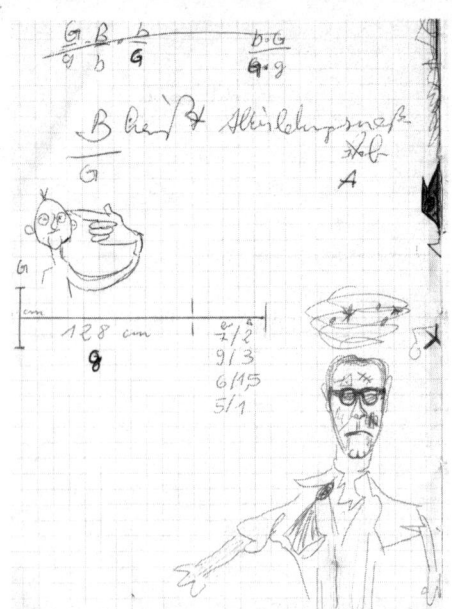

Physikheft mit Cartoon von Lehrer Westphal, 1972

als Jugendlicher zeichnete. Und ›Dittsche‹ hat einen Nachbarn, der Westphal heißt, oben im Haus wohnt und auch schon einige Male unter ›Dittsche‹ zu leiden hatte. Der echte Herr Westphal war wirklich ein Original, trug im Unterricht stets einen weißen Kittel. Erklärte er vor der Klasse einen physikalischen Versuch, wippte er unablässig auf den Fußballen auf und ab.« Olli verlagert das Gewicht auf den vorderen Teil der Füße und imitiert seinen Lehrer für einen Moment. »Unter den übrigen Lehrern stach er mit seinem trockenen, sehr speziellen Humor hervor. Eine Art mitleidige, sarkastische, aber irrsinnig lustige Art von sanftem Spott war das, die besonders schlechte Schüler vor versammelter Mannschaft abbekamen. Nicht selten war ich das Ziel – so sehr ich seine skurrile Art mochte, so sehr hatte ich auch Bammel vor ihm. Denn zu seinen Fächern fand ich nie Zugang. Neben Herrn Westphal habe ich noch einen anderen Lehrer am Gymnasium besonders in Erinnerung, meinen Musiklehrer Herrn Dr. Bittner. Ein hervorragender Klavierspieler und echt spaßiger Pädagoge mit guten Ideen und wahrem Schalk im Nacken. Unterricht hatten wir bei ihm immer in der Aula, dort saß er dann am Flügel und wir im Kreis um ihn herum. Ich weiß noch genau, wie ich für seinen Unterricht als 13-jähriger Schüler mal ein Referat erarbeitete, in dem es um den Vergleich von Simon & Garfunkels ›America‹ und Antonín Dvořáks Sinfonie Nr. 9 ›Aus der Neuen Welt‹ ging. Etwas hanebüchen, beide Werke in ein Verhältnis zu setzen, aber er fand die Idee wohl originell und hörte aufmerksam und echt begeistert meinen Klangbeispielen und der Textinterpretation zu. Belohnt wurde ich mit einer guten Note. So hatte Schule wirklich Spaß gemacht. Den Raum würde ich mir gern ansehen.«

Bei dem Versuch, die Aula zu finden, verlaufen wir uns erst mal. Olli sieht sich auf dem Gang um. »Wo war das noch mal? Wir müssen doch noch ein Stockwerk tiefer, glaube ich.« Inzwischen sind wir vor der Turnhalle angelangt, die schon verschlossen ist. Im Treppenhaus, auf halber Höhe, fällt Olli ein, dass hier früher ein Getränkeautomat stand, an dem man sich in der Pause traf. »Der berühmte Heißgetränke-Automat, in dem es auch Hühnerbrühe gab! Alle Getränke wurden durchs selbe Röhrchen ausgeschenkt. Kaffee, Kakao, Brühe … großartig. Wer kennt es nicht, das Schoko-Heißgetränk mit Hühnersuppen-Timbre im Nachhang. Welcher Geschmack auf der Zunge könnte besser passen zu dem unvergleichlichen Duft der grünen Wachsbrösel, die die Reinemachefrauen nach Schulschluss großflächig über die Flure ausstreuten und mit gebundenem Schmutz wieder zusammenkehrten.«

Es geht weiter, die Treppe wieder hinauf und den Korridor entlang. Links hinter der Glastür, die den Schulflur vom Treppenhaus trennt, liegt die Aula. Und gleich neben der Tür steht ein Terrarium, in dem ein »Axolotl« sitzt, was frei übersetzt »Wassermonstrum« bedeutet. Beheimatet sind die Tierchen eigentlich in Mexiko. Dieser hier ist etwas Besonderes: Er ist albinotisch. Auf den zweiten Blick entdeckt Olli noch einen etwas größeren, dunkelgrauen »Axolotl« zwischen den Steinen – und findet den Satz auf dem Zettel über dem Glaskasten *so fabelhaft, dass ein zweites, wahrhaftig breites, ansteckendes Grinsen sein Gesicht überzieht. Kurz leuchtet der berühmte »Dittsche«-Blick in seinen Augen auf. Auf dem kleinen Papier steht nämlich: »Axolotl, der Lurch, der nie erwachsen wird.« »Vom Axolotl haben wir gerade in der letzten ›Dittsche‹-Sendung berichtet«, erzählt Olli. »Ein unterschätztes Tier, gar keine Frage. Der Axolotl ist ja ein reiner Netto-Molch bis heute, ein Tier ohne weiteren Nutzen. Dabei kann er was, der Sonderlurch! Also geben wir ihm ein Forum! ›Dittsches‹ Idee war, dass 50 000 Axolotl engagiert werden, um auf einer Eisscholle den Domino-Day nachzustellen. Hierfür wäre diese Spezies besonders gut geeignet, weil sie, wie man hier an dem Exemplar auch sieht, vier Finger hat. Bricht sich nun eines oder mehrere der 50 000 Tiere bei Aufstellung oder Umsturz während der Domino-Kette ein Glied, oder bricht es gar ab, wachsen sie einfach schnell wieder zusammen oder nach. Der Axolotl kann Gliedmaßen, Organe, sogar Teile des Gehirns regenerieren. So stand es in der Zeitung. Die Show ist also zu keinem Zeitpunkt gefährdet. Das hat ›Dittsche‹ sehr gefallen, wobei er gleichzeitig anprangerte, dass ein Axolotl keine Lobby habe und daher arm dran sei – anders als zum Beispiel der Pinguin.«*

*Die Tür zur Aula ist unversperrt. Drinnen ist es schwül und riecht nach altem Gebäude, nach Feudel, Reinigungsmittel und Stoffbahnen, die wohl seit Jahrzehnten vor den Fenstern hängen. Morgen werden Eltern und Schüler die Sitzreihen hier vor der Bühne bevölkern. Der »Sommernachtstraum« hat dann Premiere, wie ein Plakat an der Tür ankündigt.*

*Olli ist begeistert von dem Raum, blickt auf die sonnengelben Vorhänge. Und tatsächlich … »Die Vorhänge sind immer noch dieselben wie damals. Die Scheinwerfer waren zu meinen Zeiten auch schon da. Und der Flügel ist tatsächlich noch der, auf dem Dr. Bittner gespielt hat. Steht immer noch an der gleichen Stelle. Schön.«*

*Zwei Schüler im Alter von 14, 15 Jahren schieben sich durch die Tür in die Aula. Ihre Rucksäcke tragen die beiden über der Schulter, schubsen sich gegenseitig ein bisschen vor und bleiben dann aber doch ungefähr fünf Zentimeter hinter dem Eingang stehen. Der eine deutet auf den anderen und erklärt Olli: »Er ist ein großer Fan von Ihnen!« Dann verschwindet er schnurstracks. Ein echter Freund.*

*Der zweite, Alleingelassene, nickt und sagt rasch: »Meine Mama hat mit Ihnen im Sandkasten gespielt. Angela heißt sie.« Dann nennt er den Nachnamen. »Echt?« Olli lächelt. »Das ist ja witzig, dann grüß sie mal schön.« »Mach ich. Tschüüüs«, ruft der Junge, dreht sich um und tritt eilig den Rückzug an.*

*»Von wegen Sandkasten«, sagt Olli. »Mit der habe ich mal eng getanzt. Und zwar im Partykeller von Nico, zu ›I am I said‹ von Neil Diamond.« Er geht Richtung Bühne, die für den »Sommernachtstraum« schon mit Kunstrasen und Blumen aus Plastik dekoriert ist.*

**Hier hattest Du Deinen ersten Bühnenauftritt?**
Stolze 13 Jahre war ich alt und spielte den »Vierten König« im gleichnamigen Theaterstück. Ein russisches Weihnachtsmärchen, das von einem vierten Weisen erzählt, der sich aus Russland aufmacht, das Christuskind zu finden. Er folgt dem Stern, doch auf seinem beschwerlichen Weg nach Bethlehem begegnet er immer wieder Menschen, die leiden und denen er hilft. Dadurch kommt er immer mehr vom Weg ab und letztlich nie an. Am Ende strandet er irgendwo auf einer Insel, glaube ich. Alle Kostüme nähte meine Mutter, wirklich fabelhaft. Das hat sie

oft gemacht, auch für die Nachbarskinder. Unerreicht mein Batman-Kostüm zum Karneval im Winterhuder Fährhaus; Mitte der 60er müsste das gewesen sein. Die Haube mit Ohren aus Filz, ebenso der Umhang. Perfekt. Den coolen Batman-Gürtel mit Geräteboxen bastelte sie aus Stoff, einer alten Mantelschnalle und zwei Attika-Zigarettenschachteln, die mit gelber Plastikfolie ummantelt wurden. Wahnsinn. Wie stolz kann man sein, in einem so perfekten Kostüm aufzulaufen? Da fährt die Figur doch sofort und spielend in einen hinein, oder? So war's auch mit dem russischen König. Sie nähte mit der Hand aus olivgrünem Samt eine Art Russenkittel mit Brokatborte, Stehkragen und Kordel um die Taille. Was für eine Arbeit. Aus Goldfolie und Schmucksteinen wurde eine Krone gezaubert. Für die späteren Szenen als Gestrandeter fertigte meine Mutter Hemd und Hose aus Sackleinen an, schnitt Löcher und Risse hinein und bemalte sie mit erdfarbenen Flecken. Dazu musste ich mir auf der Hinterbühne in einer Szenenpause noch einen Backen- und Schnurrbart ankleben, vorbereitet mit beidseitigem Teppichklebeband. Alles hat gejuckt und gekratzt, aber ich sah einfach spitze aus, wie Robinson Crusoe. Den Moment des Schlussapplauses werde ich sicher nie vergessen. Das war meine Welt, auf die Bühne gehen und spielen. Großartig. Unten saßen die stolzen Eltern. Es fiel mir auch ganz leicht, auf die Bühne zu treten. Alle Aufregung, die ich spürte, war freudig – von Lampenfieber keine Spur. Auch keine Texthänger.

In der Aula fanden übrigens auch jede Menge Schulsprecherwahlen und natürlich auch Diskussionen statt. Man kann sich vorstellen, dass es hier, wie an vielen Schulen Ende der Sechziger-, Anfang der Siebzigerjahre, hoch herging: Mitbestimmungsrecht der Schüler, Schülervertretung – das waren die Themen, von denen das Gros der Lehrer an unserer Schule indes nichts wissen wollte. Vor allem die älteren unter ihnen. Einige unterrichteten noch mit sehr harter Hand, so wie sie es zwanzig, dreißig Jahre zuvor erlernt und für richtig befunden hatten. Ich habe noch erlebt, dass manche Lehrer Schüler bei Unaufmerksamkeit oder Fehlverhalten regelrecht vorführten und bloßstellten, mit aberwitzigen Strafen belegten. Auch körperliche Züchtigung – wenn auch mit wachsendem Protest der Eltern – kam durchaus vor. Ich erinnere zum Beispiel einen besonderen Lehrer, der mit seinem handschuhdicken Schlüsselbund aus nächster Nähe nach uns warf, auch ins Gesicht. Und die sogenannte Kopfnuss, die man sich bei Ahnungslosigkeit an der Tafel verdiente, um nun besser denken zu können, ist mir bei einem anderen Lehrer ebenso gut in Erinnerung. Hierzu ballte der Mann die Faust und zimmerte sie mit aller Wucht aus zwanzig Zentimeter Höhe mit der Mittelfinger-Knochenreihe auf den Schädel. Gern auch mal auf Stirn oder Schläfe, je nach Delikt. Ich hatte Glück und bekam nicht oft etwas ab, oder ich habe es verdrängt, weiß nicht so recht. Aber Angst davor hatte ich natürlich. Auch wenn diese Lehrer inzwischen wohl Ausnahmen waren, sich dagegen im Unterricht zu wehren, war irgendwie ausgeschlossen. Und deswegen bewunderte ich die älteren Schüler, die den Mut aufbrachten, sich gegen diese Methoden zu stemmen und Veränderungen einzufordern. Mein älterer Bruder Thomas war schon einer, der politisch mitmischte, immer mittendrin. Da wurden Artikel geschrieben für die Schülerzeitung, es gab Sit-ins und Demos, vor allem »große Schülerversammlungen« in der Aula und – so hatte ich den Eindruck – andauernd Wahlen zum Schulsprecher. Mit Debatten und Diskussionen und hitzigen Auseinandersetzungen. Die ganz Engagierten aus der Oberstufe bemühten sich auch schon um Vollbärte und wollten mal Franz Josef Degenhardt für ein Schulkonzert einladen. »Besser als Marika Rökk«, sagte der Vorschlagende und kassierte knorke Lacher. Das werde ich nie vergessen. Ich habe mitgelacht, obwohl ich gar nicht wusste, wer Marika Rökk war. Anschließend wurde abgestimmt. Alle fanden das dufte, ein voller Erfolg also. Aber Degenhardt kam natürlich nie. Ich denke, es hätte auch gar keiner gewusst, wo man mal nach ihm fragt. Aber gut finden wollten alle solche kühnen Ideen, darum ging es ja in erster Linie. Spannend war natürlich alles, was auch an anderer Stelle in dieser Zeit stattfand. Sexuelle Revolution, auch wenn das für mich Ende der Sechzigerjahre noch nicht wirklich ein Thema war. Ich war zwar schon gelegentlich verliebt, aber richtiger zur Sache ging's erst später, so Mitte der 70er.

Die Musik dieser Zeit war natürlich bedeutend. Zuvor hatte ich ja nur sonntags um 17.15 Uhr die NDR-Schlagerparade am Radio verfolgt, und meine Helden waren Freddy Quinn und Udo Jürgens. Mit dem Gymnasium änderte sich das auch. Für Udo habe ich zwar immer noch geschwärmt, aber jetzt kamen die englischen und amerikanischen Acts dazu. Wobei ich nicht so sehr zur harten Fraktion gehörte, die »Deep Purple«, »Led Zeppelin«, »Iron Butterfly« oder »Black Sabbath« hörte. Für mich waren die Singer/Songwriter etwas ganz Besonderes. Joan Baez und Bob Dylan. Donovan und Don McLean. Cat Stevens! Gilbert O'Sullivan! Auch zwischendurch One-Hit-Wonder-Songs wie »Yellow River« von Christie, »You ain't seen nothing yet« von »Bachman-Turner-Overdrive« und »Popcorn« von »Hot Butter«. Oder »Mademoiselle Ninette« von den »Soulful Dynamics«, großartig, allein diese dünne Papierorgel im Playback. Ich schätze mal »Farfisa Mini Compact«, zweimanualig; oder eine Vox-Continental. Dann kamen »Mungo Jerry«, »Sweet«, »Slade« und Suzi Quatro. Und zuvor natürlich Simon & Garfunkel. 1970 war »Bridge over troubled water« das Album, das am Längsten auf Platz 1 stand, ebenso die gleichnamige Single. Gefühlte 20 Mal am Tag war sie im Radio zu hören, und meine definitiv erste Knutsch-Session fand bei diesem und den restlichen Songs des Albums statt. »The Boxer«, »The only livin' boy in New York«, »Cecilia«. Ich muss die Scheibe nur auflegen und habe sofort vor Augen, welche Hose ich trug und welches Muster die Tapete im jenem Jugendzimmer hatte, in dem wir zu zehnt knutschend herumlungerten. Und dann kam irgendwann Elton John. Das war schon ein anderes Kaliber. Für mich einer der bedeutendsten Pop-Songschreiber aller Zeiten, ein Mozart der Neuzeit, bis heute unerreicht. In einer Liga mit Stevie Wonder, Paul Simon, Ulvaeus und Andersson. Und natürlich McCartney und Lennon. Die »Beatles« trennten sich zu dieser Zeit ja schon wieder, sie haben mein pubertierendes Lebensgefühl eigentlich nicht so sehr begleitet. Auch wenn wir die Hits natürlich alle kannten, sie waren ein bisschen Schnee von gestern. Wirklich entdeckt habe ich sie erst viel später. Aber jeden, der sie mit 15, 16, 17 erlebt hat, und davon habe ich einige Freunde, beneide ich unendlich. Leider war ich zu jung, um dabei gewesen zu sein, als die »Beatles« in den frühen Sechzigern in den Hamburger Clubs auf dem Kiez auftraten. Das hätte ich gern miterlebt. Die Musik der »Rolling

Schulkonzert, 1973

Stones« hingegen hat mich mit Ausnahme von ein paar wirklichen Geniestreichen wie »Brown Sugar«, »Sympathy for the Devil« oder »As tears go by« nie so mitgerissen, obwohl die Band natürlich absolut bedeutend ist. Aber diese ganze hingerotzte Attitüde hat mir nie gefallen.

Was ist da eigentlich unter der Bühne?«

*Bevor man eine Vermutung äußern kann, hat Olli die Tür in der Wand des Bühnenunterbaus geöffnet und verschwindet bis zu den Schultern in dem kleinen Türrahmen, stellt fest, dass dahinter ein Abstellraum für Instrumente liegt, und bedauert, dass seine »Taschenlampen-iPhone-App« nicht weit genug leuchtet, um sie alle zu sehen.*

**Dein erster Auftritt als Musiker fand auch hier auf der Bühne statt?**
Mich mit meinem ersten Auftritt schon als Musiker zu bezeichnen ist vielleicht ein bisschen hoch gehängt, aber sagen wir so: Singend und mit Wandergitarre trat ich tatsächlich hier an der Schule vor ein kleines Publikum – aber oben, im Musiksaal, wo meine Klasse bei einem anderen Musiklehrer, Herrn Kraftzyck, Unterricht hatte.

*Waschbrett üben zur Schallplatte, 1974*

Meine Darbietung bestand aus »House of the rising sun« – wichtig hierbei: der kleine, sogenannte »Folkfinger« beim D-Dur-Akkord – und »Let the sunshine in« aus dem Musical »Hair«. Als Bühnenoutfit trug ich den Kittel aus Samt, den meine Mutter mir für die Rolle des »Vierten Königs« genäht hatte. Man sieht, der Auftritt war genauestens geplant – es sollte auch nicht dem Zufall überlassen bleiben, ob das Publikum sich mitreißen ließ. Deshalb hatte ich Sabine, meine erste Freundin und Klassenkameradin, gebeten, an einer bestimmten Stelle von »Let the sunshine in« happening-mäßig mit Klatschen zu beginnen, damit die anderen einstimmen. Klappte auch ganz gut, aber Herr Kraftzyck, der mir zuvor erlaubt hatte, im Rahmen der Unterrichtsstunde vorzutragen, guckte schon etwas irritiert. Zudem bekam ich keine Note dafür, was ich aberwitzigerweise erwartet hatte.

**Deine erste große Liebe?**
Ich war in Sabine schon sehr verknallt, aber das waren halt doch flüchtige Versuche der Annäherung. Händchenhalten, die ersten Kussübungen. Auf Geburtstagsparties wurde ja schon mal geknutscht und eng getanzt. Das war's – und das war ja auch schon mutig und viel. Meine spätere, erste große Liebe traf ich 1971, als 15-Jähriger, auf der Party einer Mitschülerin. Noch in der Nacht nach dem Geburtstagsfest notierte ich auf der Rückseite der Einladung, wie toll das Mädchen sei, das ich gerade kennengelernt hatte: Britta. Britta aus der Feuerbergstraße. Unsere ersten Begegnungen hatten aber noch sehr viel Kindliches, auch wenn man zu dieser Zeit schon fürs andere Geschlecht zu schwärmen begann. Wir waren doch sehr unsicher, keusch und überfordert. Höhepunkt

H A L L O *Oliver* ! ! !

Hast Du Lust, am Freitag, den 12.3.71 um 16.3o
Uhr zu meiner ersten Party zu kommen ?

Unser Party - Keller ist nämlich jetzt fertig
und klasse geeignet, um zu beaten, zu tanzen,
Cola und Brause zu trinken und Brötchen und
Würstchen zu mampfen ( mein Vater sagt allerdings : STRENGSTES RAUCHVERBOT ! ). Um 21 Uhr
wird meine Mutter alle die nach hause fahren,
die nicht von ihren Eltern abgeholt werden.

Bring' bitte Deine tollsten Platten mit und
vergiss' nicht, Deinen Namen draufzuschreiben,
damit man hinterher auch alles wieder richtig
auseinanderfummeln kann.

Ich möchte gerne bis Mittwoch wissen, wer kommt
und wer nicht kommt.
        Ich grüsse Dich und freue mich auf
            Freitag !

                *Dagmar*

*Einladung zur Party, 1971*

Party war dufte !!
Der Hausherr scheint
viel Geld ausgegeben
zu haben.
Habe nettes Mädchen
kennengelernt
Britta etwas größer als
ich, schwarze Haare !

*Rückseite der Einladung, 1971*

war eine Ruderbootfahrt auf einem Seitenarm der Alster in Klein Borstel. Ich lud sie ein, wollte natürlich den routinierten Chefromantiker geben und sie beeindrucken. Dabei war Britta damals 13. Es endete damit, dass ich ein entgegenkommendes Kanu rammte, da ich ja rückwärts zur Fahrtrichtung saß und einfach drauflosschaufelte. Aber dann waren wir zwei Jahre später noch einmal zusammen, und das war dann sehr ernst und durchaus bedeutend. Eine Liebe, die bei mir ein paar Jahre andauerte.

*Erste große Liebe*

**Und warst Du mal in eine Lehrerin verliebt?**
Die waren so viel älter als ich, nein, verliebt war ich in keine. Aber es gab eine, die mir sehr gefiel: Frau Dauer mit ihren wunderbaren langen schwarzen Haaren.

*Wir verlassen die Aula. Olli schlägt die Richtung zum Gymnastiksaal ein. Auf dem Weg dorthin mustert er aufmerksam die Türen entlang des Korridors. Am Ende des Gangs entdeckt er, wonach er gesucht hat. Die Tür zu dem Raum steht offen. »Das war mein erstes Klassenzimmer hier an der Schule. Aber die Tafel damals war anders als heute. Vor 30 Jahren gab es unten ein Fach, das man aufschieben konnte. Dort fristeten vergessene Schulutensilien ihr Dasein: ›Diercke‹-Weltatlanten, die*

33

*von Kreideresten verschmiert waren, oder alte Turnbeutel.*
*Manchmal verschwand dazwischen auch das Klassenbuch.«*
*Olli sieht zufrieden aus, während er das sagt.*

**Du bist bekennender HSV-Fan, hattest hier an der Schule ja einen prominenten Mitschüler, der Deine Leidenschaft für Fußball teilt: Corny Littmann, der ehemalige Vereinspräsident des FC St. Pauli.**

Diese Gemeinsamkeit im Lebenslauf habe ich erst viele Jahre nach Ende meiner Schulzeit festgestellt. Corny Littmann ist vier Jahre älter als ich – auf dem Pausenhof und noch dazu unter Jungs trennen einen bei einem solchen Altersunterschied natürlich Welten. Unsere Wege kreuzten sich erst in den Achtzigerjahren bzw. Anfang der Neunziger. Eine Zeit lang bin ich hin und wieder in der »Schmidt-Show« im Schmidt-Theater, später dann im Schmidts Tivoli aufgetreten. Mit Bands wie »Tina & die Caprifischer« oder »Susi's Schlagersextett«. Allerdings war das alles vor meinem Karrierebeginn mit »RTL Samstag Nacht«, also bevor ich sozusagen öffentlich und bekannt wurde. In der »Schmidt-Show« traten viele Kollegen und Freunde auf, in unterschiedlichen Gruppen und Konstellationen. Jon Flemming Olsen, mein alter Freund und Wegbegleiter, der »Mein Ingo« bei »Dittsche« ist und »Texas Lightning« gegründet hat, sang dort lange Zeit in der A-cappella-Truppe »Die Sirenen«, die quasi Hauscombo der »Schmidt-Show« war. Corny Littmann hat von 1982 an, als er mit dem Kabarettisten Gunter Schmidt das Schmidt-Theater gründete, viel dazu beigetragen, dass die Kultur der Musikclubs und Theater auf der Reeperbahn wiederbelebt wird, und damit an die Tradition der Kabarette, Musiktheater und Hippodrome früher Hamburger Kiezjahre angeknüpft. Davor ziehe ich meinen Hut, mit größtem Respekt. Die Hamburger Welt der Kunst, der Beatmusik, des Jazz, des Rock, der Konzertclubs, in denen die Musikerlegenden aus aller Welt spielten, hat mich ja von frühester Jugend an fasziniert. Schon als Teenager fühlte ich mich von ihr angezogen, mischte dann tatsächlich auch schon als 16-Jähriger mit unserer Band »Abbey Tavern Skiffle Company« darin mit. Die lokalen Matadore waren damals »Leinemann«, »Truck Stop« und die zahlreichen Oldtime- und Dixiebands wie die »Jazz Lips«, »Bruno's Salonband« oder die »Old Merrytale Jazzband«; aber auch das »Werner Böhm Quintett« oder »Altona«. Dazu viel Rock 'n' Roll: »Bock Rock«, »Cool Cad & the Tailfins« und natürlich die grandiosen, unerreichten »Franny & the Fireballs«. Jeden Abend war Livemusik zu hören, und

*Abbey Tavern Skiffle Company, Fabrik Hamburg, 1974*

Hamburg war – wie schon in den 60ern zu »Star-Club«-Zeiten die Musikhauptstadt in Deutschland, neben London vielleicht sogar in Europa. Man spielte zum Beispiel im »Remter« am Dammtor, in der Altonaer »Fabrik«, dem »Logo« an der Grindelallee, dem »Cotton Club« am Alten Steinweg oder in »Onkel Pös Carnegie-

*Skiffle Festival
Erster großer Auftritt, 1974*

*Abbey Tavern Skiffle
Company, 1975
v. l. n. r.: Lucian Segura,
Ronald Grass, Ulrich
Bartel, Andy Jessel, Olli
Dittrich*

*Abbey Tavern
Skiffle Company,
im Hintergrund
Bruder Thomas
Fabrik Hamburg,
1974*

★★★★★

# Onkel Pös Carnegie Hall

Hamburg 20 · Lehmweg 44 · Telefon 48 26 84

| Do | 15.1. | Stintfunk – 22 Musiker auf der Bühne – |
|---|---|---|
| Fr | 16.1. | Omnibus – Soul – Jazz – |
| Sa | 17.1. | Louisiana Syncopators |
| So | 18.1. | Jazz – Rock – Session |
| Mo | 19.1. | The Ofays |
| Di | 20.1. | **Zbignew Seifert's Stratosphere** |
|  |  | Zbignew Seifert – viol.; Michel Herr – p.; Hans Hartmann – b.; Janusz Stenfanski – dr.. |
| Mi | 21.1. | Pussy – Soul-Rock – |
| Do | 22.1. | Truck Stop |
| Fr | 23.1. | Abschiedskonzert von Abby Tavern |
| Sa | 24.1. | Brunos Salon Band |
| So | 25.1. | Survival Kit |
| Mo | 26.1. | NDR-Mitschnitt: |
| Di | 27.1. | The New-Jazz-Coral |
|  |  | **Burton Greene Big-Band** |
| Mi | 28.1. | Okko – Lonzo – Chris – Django und Barry: |
|  |  | **Second Hand Music** |
| Do | 29.1. | Sondergastspiel aus London: |
| Fr | 30.1. | **George Melly** |
|  |  | and the Joh. Chilton's Feetwarmers |
| Sa | 31.1. | **Eberhard Weber-Colours** |
|  |  | Charlie Mariano – sax.; Rainer Brüninghaus – p.; Eberhard Weber – b.; Jon Christensen – dr.. |

*Abschiedskonzert in
Onkel Pös Carnegie Hall,
1977*

hall« – kurz »Karnickelhalle« genannt, in Eppendorf am Lehmweg. Eine ganz kleine, aber sehr bedeutende Spielstätte. Dort haben wirklich große Stars einzigartige Clubkonzerte gegeben. Die gesamte Jazz-Elite war dort. Dizzie Gillespie, Gil Evans, Pat Metheny, Carla Bley und Albert Mangelsdorff, Wolfgang Schlüter, Herb Geller, Peter Herbolzheimer. Und Lucio Dalla, Helen Schneider und Al Jarreau. Alle habe ich live gesehen. In einem kleinen Club. Das war wirklich unglaublich. Und natürlich Udo Lindenberg und das »Panikorchester«. Udo, zuvor Trommler bei Doldingers »Passport«, dann nach Hamburg gekommen und bei den »City Preachers« und »Atlantis« mit Inga Rumpf am Schlagzeug, hat diesen wirklich legendären Musikclub in seinem Song »Andrea Doria« besungen: »Bei Onkel Pö spielt 'ne Rentnerband – seit zwanzig Jahren Dixieland – 'n Groupie ham' die auch, die heißt Rosa oder so – und die tanzt auf'm Tisch wie 'n Go-Go-Go-Girl.« Was für eine Zeit! Und wir, die kleine Skiffle-Boygroup, mittendrin. Denn irgendwann spielten auch wir im »Onkel Pö«, Mensch, waren wir stolz. Durch meine Bekanntschaft zu Ulf Krüger, dem Bandleader von »Leinemann«, erlernte ich das Waschbrettspielen.

Oft saß ich zu Hause im Wohnzimmer, mit Waschbrett auf den Knien, an den Händen Damenhandschuhe, an deren Fingerenden metallene Fingerhüte, die mit Klebeband befestigt waren, und kratzte zu »Leinemann«- und »Lonnie Donegan«-Platten die Songs mit. Ulf Krüger gab mir viele Tipps, schenkte mir sogar eine alte gelbe Bassdrum und ein ausrangiertes Waschbrett. Er verhalf uns zu manchem Einstieg in die Clubs oder Auftritten auf Festivals. Und ein paar Jahre später produzierte Ulf meine erste eigene Single »Ich bin 18«.

"ABBEY TAVERN"
(Skiffle, Jazz & Rock)
        c./o.
Dittrich

2000 Hamburg 62
Bundesrepublik Deutschland

DDR

An die
Künstleragentur der
Deutschen Demokratischen Republik
Krausenstrasse 9 - 10
108 Berlin - Hauptstadt der DDR

Sehr geehrter Herr Kruscher !

Nachdem wir am Freitag, dem 21.5.1976 über unseren
Wunsch, bei Ihnen in der DDR ein Gastspiel zu geben,
telefoniert haben, möchte ich Ihnen dazu ein paar
Einzelheiten mitteilen.
Unsere Kapelle besteht aus fünf Jungen im Alter zwischen
17 und 20 Jahren. Wir machen hier in Hamburg seit ca. 3
Jahren Skiffle-, Jazz- und Rockmusik. Unsere Kapellen-
mitglieder kommen fast alle von Schulen mit speziellen
musischen Zweigen und sind daher besonders musisch begabt. Ausser in Hamburg haben wir schon in verschiedenen
anderen Orten der BRD gespielt (Essen, Kiel, Lüneburg etc.).
    Schon seit langem haben wir den Wunsch, einmal in der
Deutschen Demokratischen Republik auf einer Jugendveran-
staltung, in einem Musik-Klub oder ähnlichem spielen zu
können.
    Da wir nicht aus kommerziellen Gründen Musik betreiben
und in unserer Kapelle grosses Interesse am Kennenlernen
Ihres Staates besteht, verzichten wir auf jegliche Gage.
Lediglich wären wir sehr dankbar, wenn Sie unsere Un-
kosten (Anreise, Übernachtung, Verpflegung) erstatten

/2

*Bewerbungsschreiben für ein Konzert in der DDR, 1976*

könnten.

Unser Repertoire besteht aus ca. 30 Stücken, was uns
eine Spielzeit von etwa 3 mal 45 Minuten ermöglicht. Da
unsere Kapeälenmitglieder noch die Schule besuchen, ist
es uns nur möglich an Wochenenden zu spielen( Freitag u.
Sonnabend-Abend). Zur Terminauswahl würdenIhnen zur Verfügung stehen, die Wochenenden vom 6. August `76 bis zum
19. September `76 und vom 22. Oktober `76 bis zum 19. Dezember `76.

Zur Wiedergabe steht uns eine eigene Verstärkeranlage
zur Verfügung. Wir wären lediglich auf das Vorhandensein
eines Klaviers angewiesen. Die anderen Instrumente Geige,
Banjo, Waschbrett und Bass werden von uns mitgebracht.

Wir wären sehr erfreut, wenn es zu einem Engagement
für uns in der DDR kommen würde. Da wir auch andere Auf-
trittstermine planen, wären wir sehr dankbar, wenn wir
von Ihnen bald Nachricht erhalten würden.


Mit herzlichen Grüssen
im Namen der Gruppe "ABBEY TAVERN"



( Dittrich )

Irgendwann besaßen wir sogar einen eigenen Bandbus; als Lucian, unser Banjospieler und Gitarrist, gerade 18 geworden, seinen Führerschein machte. Ein sehr klappriger, grüner Ford Transit – das kleine Modell!, ausrangiert von einem Gemüsehöker – den wir natürlich unbedingt noch bandgerecht aufpeppen mussten.

Wir hatten hierbei die verrückten Trucks der großen amerikanischen Bands vor Augen, so nach dem Motto »So etwas hat hierzulande doch keine Skiffleband!«. Ich weiß noch genau, wie ich ein Foto im Fachblatt »Musik-Joker« sah, das jene Lastwagenparade zeigte, mit der Paul McCartneys »Wings over America« durch die USA tourte. Mit Schriftzug und Chrom und mehrfarbig lackiertem Blech. Wahnsinn. Crazy. Große Welt. So etwas in dieser Art sollte es also sein. Ich war damals gerade in der Lehre zum Theatermaler an der Staatsoper, hatte also Zugang zu Farbe und anderen Werkstoffen. Außerdem natürlich Know-how ohne Ende – oder anders ausgedrückt: eine sehr, sehr große Klappe. Also begab ich mich an einem heißen Sommertag morgens mit Eimerchen, Ringpinsel und Abstreichgitter auf das Dach unseres Minilasters, um daraus einen schönen Rock 'n' Roll-Truck zu machen. Mit 12er-Schleifpapier wurde zunächst in einer nicht enden wollenden Prozedur die Oberfläche angeraut. »Damit sich die Lacke besser verankert.« Anschließend folgten mühsame Vor- und Hauptanstriche mit deckender, weißer Lackfarbe, die ich mit schmaler Heizkörperlammfellrolle auftrug. Lucian werkelte derzeit am Innenraum. Die wichtigste Errungenschaft hierbei: Er ergaunerte sich durch Vorlage eines Schwerbehindertenausweises, den er von einem Freund, dessen Vater beinamputiert war, »auslieh«, einen sogenannten Lenkknauf, der auch Einarmigen das mühelose Einparken ermöglicht. Diesen Knauf montierte er ans Lenkrad, um zukünftig den Transporter noch lässiger bewegen zu können. Beim Fahren stets den linken Arm aus dem Fenster hängen lassen, das hat etwas von Freiheit, von »Easy Rider«. Ich lackierte spät am Tag dann noch zwei kleinere Seitenstreifen unter den hinteren Fenstern, aber eigentlich auch nur, um den Eimer leer zu machen. Danach hatte ich die Schnauze voll, Rock 'n' Roll ist halt ein hartes Geschäft. In den kommenden Monaten leistete das ausrangierte Wrack noch halbwegs treue Dienste, »die Karre hält ewig«, hieß es damals ja immer. Wobei sich das in jenen Jahren der Automobilherstellung eher auf die unverwüstliche Maschine bezog als auf die Karosserie. Ich erinnere einen Auftritt im »Remter« am Dammtorbahnhof, oder besser die Anfahrt. Bei rasantem Einbiegen von der Edmund-Siemers-Allee in den Dammtordamm löste sich die große Schiebetür links aus der verrosteten Verankerung und segelte mit Schmackes auf die Kreuzung. »Wings over Hamburg«, sozusagen.

Für mich als beginnender Profimusiker war das natürlich eine tolle Zeit und ein großes Abenteuer. In den Clubs dabei sein, Musiker kennenlernen, auf Festivals spielen. Viele, die kurz darauf oder kurz zuvor groß und erfolgreich wurden, traf man hier so nebenbei. Otto Waalkes lernte ich in dieser Zeit, mit 17 etwa, kennen, wir saßen zusammen in meinem WG-Zimmer in der ehemaligen Seemannsschule in Falkenstein, wo ich Untermieter von Gottfried Boettger war, dem Pianisten von »Leinemann« und des ersten »Panikorchesters«. Otto nahm eine meiner Gitarren in die Hand, und wir sangen zweistimmig »I wanna hold your hand« von den »Beatles« oder »Sound of Silence« von Simon & Garfunkel. Er hatte alles drauf, ein unglaublicher Gitarrist. Otto, der begnadete Musiker, Maler, Komödiant, spielte auf meinem Instrument! Zwischendurch haben wir Quatsch gemacht, ich habe Tier- und Menschenstimmen imitiert, irgendwelche Figuren parodiert und ihm improvisierte Szenen von Heino Jaeger, die ich halbwegs auswendig draufhatte, vorgespielt. Noch heute weiß Otto genau, worum es damals inhaltlich ging, absolut faszinierend. In einer Szene möchte eine Frau Tiere adoptieren, und diese Frau habe ich mit verstellter Stimme nachgemacht. Otto hat sich weggeschmissen vor Lachen und mir damals gesagt: »Du musst Komiker werden.« Das werde ich nie vergessen. Wenn man ihn heute nach dieser Session fragt, funkeln seine Augen, er kneift die Stimme zusammen und ruft: »Marabu«! Dieses Tier wollte die Frau aus der Heino-Jaeger-Szene adoptieren. Großartig, oder? Bis heute sind wir sehr freundschaftlich verbunden, und es ist immer ein Fest, mit ihm zu arbeiten.

Zurück zur Skiffle-Band oder besser: zu den Anfängen als Musiker. Ulf Krüger, mit »Leinemann« damals ja schon weit über Hamburgs Grenzen populär, schrieb seinerzeit für die »BamS« eine Reihe über die Bands der »Hamburger Szene«. Und in einem Artikel stellte er den Nachwuchs vor, also uns. Dazu kam sogar ein Fotograf zur Bandprobe. Meine Herren, war das aufregend. Die Mini-Schlagzeile war dann: »Abbey Tavern, die Band, die in der Schule probt.« Unseren Übungsraum hatten wir damals nämlich in der Albert-Schweitzer-Schule, einem bedeutenden, musisch orientierten Gymnasium, das alle anderen Bandkollegen besuchten. Meist probten wir in einem kleineren Musiksaal, sofern er frei war, gelegentlich aber auch in einem der Klassenräume. Ich ging ja aufs Alstertal, sammelte aber auch hier jede Menge eigene musikalische Eindrücke. Im Gymnastiksaal stand ein verstimmter Flügel, an dem ich mir selbst die ersten Akkorde beibrachte. An einigen Nachmittagen der Woche nutzte eine Oberstufen-Beatband den Raum für ihre Proben. Ich hörte nach Schulschluss häufig zu, und sie akzeptierten mich irgendwann als ersten echten Fan. Der Trommler hatte lange rote Haare, ebensolche Koteletten und ein grün funkelndes Schlagzeug. So etwas wollte ich unbedingt auch einmal besitzen, das war klar. Der Bassist spielte immer in einem langen Ledermantel, trug eine Brille mit riesigen, getönten Gläsern, echt abgefahren. Und eines Tages wurde mein treues Erscheinen belohnt: Ich durfte einen Song mit dem Schellenkranz begleiten. Knallrot und befangen stand ich rechts neben dem Trommler. Und zum Schluss sagte der Gitarrist: »Echt gut, Kleiner.«

*Die letzte Station des Schulbesuchs: Das Elternsprechzimmer, wo diverse Jahrbücher und Schülerzeitungen aus den Siebzigern auf uns warten – der Schulleiter hat sie netterweise herausgesucht. Olli blättert zunächst die alten Ausgaben der Schülerzeitung durch, neugierig, ob Artikel seines älteren Bruders Thomas darin zu finden sind. »Thomas war Autor für ›Spectrum‹, ich malte die Plakate, die in den Korridoren aufgehängt wurden und für das Heft warben. Die Ausgabe kostete 20 Pfennig. ›Spectrum‹ berichtete über die Bürgerrechtlerin Angela Davis oder über Hausbesetzungen in Hamburg – und kündigte daneben an, wann in der kommenden Woche laut Wetterbericht mit Hitzefrei zu rechnen sei, das – darauf wurde von der Redaktion immer hingewiesen – ›aber grundsätzlich nur für die Klassen fünf bis neun‹. So ernsthaft haben wir Journalismus betrieben.«*

Auf der Liste seiner damaligen Klasse, der 6b, sind die Noten des ersten Halbjahrs 1970/71 verzeichnet. Olli entdeckt die Namen zweier Mitschüler, die ihn sichtlich erfreuen. »Die Zwillinge Martin und Detlev Schilling hießen unter uns Klassenkameraden ganz praktisch ›Die Schillinge‹. Im Winter trugen sie immer dicke, gemusterte Rollkragenpullover in weinrot. Kombiniert wurden die Pullover übrigens mit Cordhosen, die musste man haben. Und hier, Esther, mit ihr wollte ich damals gehen. Sie antwortete mir schriftlich: ›Ich liebe Pferde und Tiere mehr als Jungen.‹ Und: ›Ich mach – genau so buchstabiert übrigens – ich mach ewige Treue nicht.‹ Gefragt hatte ich natürlich auch per Brief, wie es so üblich war. Die meisten Liebesschwüre kamen ja im Briefumschlag. Ich hatte eine Mitschülerin, Tanja, die mir ihre Verliebtheit gleich mehrfach auf diesem Wege offenbarte. Mein Mitschüler Kai ist mir unvergesslich, weil er als 13-Jähriger mit seiner Mutter gewettet hat, dass er nie heiraten wird. Wetteinsatz war eine Schachtel Pralinen. Hier, mit Volker war ich lange Zeit sehr gut befreundet, wir haben damals zusammen ›Pillhuhn‹-Comics gezeichnet. Kennt man das Pillhuhn heute noch? Es wurde Ende der 60er-Jahre erfunden, glaube ich. Ich hatte einen Pillhuhn-Aufkleber auf meiner ersten ›Framus‹-Westerngitarre, die ich für 120 Mark im Musikhaus Trekel am Langenhorner Markt gekauft habe. ›Pillhuhn Osmin geht in die Schule‹, hieß einer unserer Comics. Ach, hier – Heidrun, die hier auf der Liste steht, habe ich auch noch gut in Erinnerung, weil sie so schöne dunkelbraune Haare hatte. Bei Sabine steht, sie solle die Klasse wiederholen. Offenbar kein glückliches Jahr für sie.«

**Und was steht bei Dir?**
Ich hatte in Deutsch eine Drei minus und in Mathe eine Vier, das geht ja eigentlich. In keinem Fach eine Fünf.

Mein lieber
Oliver!
Kennst Du mich
überhaupt? Ich
habe schwarze
längere Haare
und gehe in die
6c wo auch T.K.
drin ist.
Deine Dich
1000x liebende

Daniela (Tanja)

*Liebesbriefe, ca. 1970 …*

AN OLIVY

ICH SUCHE KEINEN SCHATZ!!!

Lieber Oliver!
Habe Dir nur einen Brief
geschrieben, in dem ich
Dir erklärt habe, dass
die Briefe mit von mir
kamen. Ich mag Dich
zwar sehr gern, (ich liebe
Dich!!!) aber trotzdem
möchte ich Dich nicht
als Freund haben.
Jetzt tu mir noch
einen Gefallen: sei nicht
mehr böse auf mich, wegen
diesen Briefen! Gebe
mir bitte antwort!
Deine
Dich liebende

Lese auch den beiliegenden
Brief.

Ich glaube das mit „plötzlich verliebt"
kam etwas zu plötzlich. Ich kann doch
nicht in jeden verliebt der mir gerade mal
ein Brief schreibt. Ich habe schon
mehrere Briefe bekommen, soll ich in
alle gleich verliebt sein? N Nein!
Ich suche mir meinen Freund alleine aus.
Auch glaube ich wir sind ziehmlich
verschiedener Ansichten:
1. Ich bin nicht so wie Sabine, Sabine kam
   jeden Tag zu dir, und liebte dich über
   alles. Ich liebe Pferde und andere Tiere
   mehr als Jungen. Und außerdem würde
   wir uns nicht oft treffen können.
2. Ewige Treue mach ich nicht.
3. Ich tanze auch gern mal mit anderen
   Jungen od ohne das mir jemand
   hinterglotzt wie son Irrer.

                              ———>


                Trotzdem, auf gute
          Kameradschaft

… und Liebesabsage, ca. 1971

Aber der Lehrerkommentar hier lautet: Sollte wiederholen. Interessant.

**Gehst Du zu Klassentreffen?**
Ja, es gab ein paar. Allerdings nur mit der Realschulklasse. Ist doch schön, sich wiederzusehen.

**Hattest Du während der Schulzeit eigentlich einen Spitznamen?**
Du stellst ja Fragen. Als ich nach der 9. Klasse vom Gymnasium auf die Realschule wechselte, gab meine Klassenlehrerin ihren Schülern gern Spitznamen. Ich bekam gleich zwei: »Boldi« oder »Goldi«. Je nachdem, ob ich nur Witzbold war oder ausnahmsweise mal ein guter Schüler.

**Nennt Dich heute jemand Oliver? In der Öffentlichkeit bist Du ja immer Olli.**
Eine meiner früheren Partnerinnen nennt mich so. In meiner Familie war ich dagegen immer Olli.

**Wenn Dir eine Fee im Alter von zwölf Jahren die Wahl gelassen hätte, Nachfolger von Uwe Seeler beim HSV und in der Nationalmannschaft oder Olli Dittrich mit seinen Erfolgen zu werden – was hättest Du gewählt?**
Damals hätte ich mich natürlich für Uwe Seelers Nachfolge entschieden. Fußball war eine Zeit lang mein Ein und Alles und Uwe mein Idol. Mindestens vier Mal pro Woche ging's zum Training. Aber irgendwann haben meine Knie kapituliert und die Wirbelsäule. Am Ende hätte es vom Talent her sowieso nicht zur Profikarriere gereicht. Das hat man gern besser in Erinnerung, als es tatsächlich war. Ich hatte keinen besonders strammen

Schuss, dafür eine latente Kopfballschwäche und bin harten Zweikämpfen eher aus dem Wege gegangen. Dagegen war ich zwar technisch ganz gut am Ball und auch recht schnell, mit und ohne Ball. Und durfte einige Zeit beim TuS Alstertal auch als Linksaußen ran. Aber um ernsthaft den Beruf des Fußballers zu ergreifen, musste man auch damals schon weit mehr draufhaben.

**Traurig, dass es nicht so kam?**
Nein, gar nicht. Parallel zu den Rückenschmerzen und Knieproblemen, die mich immer häufiger auf der Ersatzbank Platz nehmen ließen, entwickelten sich ja erste musikalische Ambitionen. Die Interessen verlagerten sich einfach. Die Begeisterung fürs Musizieren löste das Engagement im Verein und die erste Band die Mannschaft ab. Der Spaßvogel kam damals auch schon durch: Auf der Rückfahrt nach verlorenen Auswärtsspielen war ich jedenfalls immer der Lustigste im Bus.

*Jugendzimmer Langenhorn, ca. 1974*

## Das böse Haus

Als wir dort einzogen, in das kleine, putzige Rotklinker-häuschen in Hamburg-Niendorf, war es wie im Paradies. Am Ende der Straße, auf der rechten Seite, stand sie da, unsere gemauerte »Hamburger Kaffeemühle«. Mit weiß lackierten Fensterrahmen, einem Erker im Giebeldach und einer wunderschönen Birke vor dem Haus. Der riesige Garten auf der Rückseite teilte sich in einen vorderen, an die Terrasse angrenzenden Teil mit halbwegs gepflegtem Rasen und Blumenbeeten und einen dahinterliegenden, bis an den Horizont reichenden Dschungel. Hohes Gras, wilde Büsche und jede Menge Bäume waren da, an der linken Seite schlängelte sich sogar noch ein kleiner Bach hindurch. Das ganze Gelände war irgendwie verwunschen und wirkte wie ein großer Abenteuerspielplatz. Mein Vater fuhr damals einen nagelneuen roten VW-Käfer, der nicht auf dem Grundstück, sondern stets am Straßenrand vor dem Haus abgestellt wurde. Er hatte das Kennzeichen HH-KD 377, und ich weiß noch, wie meine Mutter uns Kindern vor der ersten Ausfahrt das Nummernschild erklärte: HH stehe für »Hansestadt Hamburg«, KD für »Kurt Dittrich«, der Vater sei 37 Jahre alt und seine Lieblingszahl wäre die 7.

Direkt hinter dem Gatter der Toreinfahrt, da wo der Käfer eigentlich hätte parken können, stand ein merkwürdiger, rot-weiß geringelter Mast auf unserem Grundstück. Er sah aus wie ein großes »T«, war höher als eine Straßenlaterne, und ganz oben, in ferner Höhe, blinkten auf dem T-Rohr abwechselnd rote und weiße Strahler. Ging man auf die Straße und drehte den Kopf nach rechts, sah man wenige Meter entfernt, wo die Straße eine Biegung nach links macht, einen sehr hohen Zaun mit Stacheldrahtspirale und dahinter eine endlose Reihe ähnlicher Lichtmasten. Denn hinter dem Zaun begann der Flughafen Fuhlsbüttel. Unser Abenteuerhaus war also das letzte Gebäude vor der Einflugschneise. Stand der Wind entsprechend, knatterten im 2-Minuten-Takt die Flugzeuge im Landeanflug über das Dach, höchstens 80 Meter von Dachziegeln und Schornstein entfernt. Vielleicht lag es ja auch an diesen heranrauschenden, lärmenden Donnervögeln, dass die vielen bösen Geister, die in diesem Hause wohnten, uns immer wieder einen Besuch abstatteten. Weil man sie nicht in Ruhe schlummern ließ im finsteren Gemäuer, weil sie immer aufgeweckt wurden durch die Propeller und Turbinen und Düsentriebwerke, wer weiß.

Denn in all den Jahren, die wir dort zur Miete wohnten, gingen ständig Heizung und Wasserleitungen kaputt, kippte ich mir versehentlich einen Riesenkochtopf kochendes Wasser über die Brust, lief mein dreijähriger Bruder Markus der Oma davon und wurde erst Stunden später und 5 Kilometer entfernt von der Polizei wieder eingefangen, trat ich mir im Keller eine rostige Blumenharke durch den Mittelfuß, wurden wir von Mumps, Masern, Windpocken und Keuchhusten, von fünf Rohrbrüchen im Keller und einem Einbrecher, den mein Vater erfolgreich durch das Hinterherwerfen eines Vorwerk-Handstaubsaugers vertreiben konnte, heimgesucht.

Irgendwann einmal, als mein Vater auf Dienstreise im Ausland war, packte meine Mutter uns drei Kinder und zog für die Nacht ins Hotel, so unheimlich wurde diese Bude.

Auf dem Dachboden beispielsweise, den man nur erreichen konnte, indem man mit einem Stiel, an dessen Ende ein gusseiserner Haken befestigt war, eine ausklappbare Leiter aus einer Deckenklappe herauszog, standen merkwürdige, vom Vormieter zurückgelassene Möbel herum. Immer wieder kletterten Thomas und ich dort hinauf, um uns neugierig, aber mit leichtem Gruseln umzusehen. Eine größere Truhe, die unter den schrägen Dachbalken angestaubt und mit Spinnweben versehen herumstand, weckte unser besonderes Interesse. Was mochte darin sein? Bestimmt etwas Unheilvolles, hier oben vor der Polizei versteckt, das war sicher. Immer wieder kletterten wir hinauf, standen ratlos vor der großen hölzernen Kiste, trauten uns aber nicht, sie zu öffnen. Also schmiedeten Thomas und ich einen kühnen Plan, wie wir einerseits unsere Neugier befriedigen, im Zweifelsfall aber schadlos aus der Nummer herauskommen würden: Ein Komplize musste her, ein Mitwisser. Einer, dem man einen grausigen oder wenigstens verbotenen Fund in die Schuhe schieben konnte.

So standen wir dann eines Nachmittags wieder da oben, zu dritt. Thomas, ich und Hartmut Schmede, ein Mitschüler der Grundschule am Niendorfer Markt. Er fand das sicherlich zunächst ganz spannend, mit uns da oben und dem ganzen Gerümpel. Doch als wir vor der großen Truhe standen, wurde es ernst. Wir traten etwas zurück, Schmede sollte nämlich den Deckel öffnen. Und vorab ein Schriftstück unterschreiben, das Thomas, der schon als Kind in der vorherigen Familienwohnung in Schenefeld ein »Büro« im Keller besessen hatte, sorgfältig vorbereitet hatte.

Dort stand: »Hartmut Schmede fand am ... um ... auf dem Dachboden des Hauses der Familie Dittrich einen Sarg.« Ich werde nie vergessen, wie der arme Junge nur leise murmelte: »Ich will damit nichts zu tun haben«, fluchtartig die Dachbodentreppe herunterstolperte und aus dem Haus rannte.

Und dann gab es noch den Keller.

Schon wenn man die Treppe hinunterging, wurde es unheimlich. Der vor Jahren aufgetragene Anstrich, ehemals weiß, war brüchig und fleckig, und es roch klamm und irgendwie immer nach Winter. Je weiter man auf den Treppenstufen nach unten ging, desto mehr umwehte einen jene Morbidität, jene unheilvolle Kälte, die man beim Betrachten von Unterwasserbildern empfindet, wenn plötzlich aus dem Nichts ein Schiffswrack auftaucht. Ein einst von Menschen belebtes, jetzt einer anderen, unnahbaren, mächtigen Welt übereignetes Etwas. Eine leblose Burg, eine Behausung ohne Menschenseele. Voller benutzter Gegenstände zwar, früher mal bewegt, besessen, berührt, lebendig gehalten. Jetzt aber wie schon seit ewigen Zeiten steinern und verlassen. Schon wenn man vom oberen Hausflur den Schlüssel in der Kellertür herumdrehte, den Schlag öffnete und den rechts auf eine splitternde Holzlatte montierten schwarzen Bakelit-Lichtschalter unter lautem Knacken nach links drehte, noch bevor man einen Fuß auf die Stufen nach unten setzte, musste man ganz automatisch ein paar Mal »Hallo?« in den gedimmten Schacht rufen, um sich durch die Gott sei Dank ausbleibende Antwort ein wenig Mut zum Hinuntergehen zu verschaffen. Es gab in diesem Keller zwei größere Räume, verbunden durch einen kleinen, mit Harken, einer Schaufel und unseren angerosteten Rollern vollgestellten Flur, dessen quietschende Tür zum Garten hinausging. Im ersten Raum, gleich links, vis-à-vis des Kellertreppenabsatzes, waren ein paar Wäscheleinen gespannt, und allerhand Gerümpel war in den Ecken verteilt. Da lagen mehrere lange, dicke Bambusstangen, ein Holzschemel mit drei Beinen, ein riesiger Wäschekochtopf, dessen blauer Emailleüberzug an verschiedenen Stellen abgeplatzt war und in dessen Henkel in der Mitte des Deckels ein riesiger Holzlöffel baumelte, ein aufgeweichter Schuhkarton mit Wäscheklammern und zwei übergroße, ehemals wohl weiße Leinensäcke, auf denen längsseits eingewebt ein blauer Streifen mit der Aufschrift »Buko« verlief. Diese Säcke hatten am oberen Rand eingestanzte Messingösen, durch die eine ausgefranste Kordel gezogen war, und sie waren prall gefüllt mit ausrangierten, marode schwelenden Hemden, Hosen, Jacken und Pullovern. Im Kellerraum nebenan befand sich der Kohleofen, das wärmende Herz des Hauses, von dem in dick ummantelten, zigfach übermalten, gurgelnden Rohren die Wärme in alle Räume des Hauses kroch. Der Aufenthalt in dieser klammen Unterwelt war für mich immer begleitet von großer Furcht. Vor allem, wenn ich hinuntersteigen, die große glimmende Klappe des Ofens öffnen, verbrannte Reste mit einer kleinen Harke aus ihm herauskehren und ihn anschließend mit Brennholz und Briketts neu befeuern sollte. Ein Familiendienst, für den ich, wohl auch aufgrund meiner handwerklichen Geschicklichkeit, gelegentlich ausgewählt wurde, obgleich ich erst sieben oder acht Jahre alt war.

Mein Lieblingsbuch zu dieser Zeit hieß »Die Abenteuer der schwarzen Hand«. Ein Kinderkrimi, in dem »Die schwarze Hand« – so nannte sich eine Gruppe etwa zehnjähriger Kinderkommissare – mit kriminalistischem Scharfsinn in allerhand mysteriöse Fälle verwickelt war. Und in dem jeder geschriebenen Buchseite ein liebevoll gezeichnetes Suchbild folgte, zu dem man eine darunterstehende Frage zu beantworten hatte. Knifflig, knifflig, nur etwas für Schlauberger. »Die schwarze Hand« wusste immer alles, war cleverer als jeder Erwachsene und schneller als die Polizei. Und je flinker ich eine unter einem Fensterbrett versteckte Pistole, zwei durch ein Blumenbeet gehende Gummistiefelspuren oder einen Schlüssel im Schnabel eines Papageien finden konnte, desto mehr fühlte ich mich auf Augenhöhe mit den cleveren Jungs und irgendwie ebenbürtig. In meiner Phantasie wurde ich dann mit immer spezielleren Fähigkeiten vorstellig bei ihnen, wurde vom Anführer skeptisch gefragt: »Was kannst Du denn alles?«, um anschließend heikelste Aufnahmeprüfungen vor der Truppe mit Bravour zu bestehen. Und dann gehörte ich dazu, spazierte in Gedanken immer mit, wenn es galt, ein Geheimnis zu lüften, einen Verbrecher zu überführen oder einen Sack mit Goldmünzen sicherzustellen. Um die bösen Geister in dem finsteren Keller zu vertreiben, hatte ich irgendwann die Idee zu einer raffinierten Schutzmaßnahme zur Abschreckung, mindestens vergleichbar mit Warnschildern wie »Achtung Alarmanlage« oder »Vorsicht bissiger Hund«. Ich nahm ein Stück Holzkohle aus dem Ofen, schwärzte die Innenfläche meiner rechten Hand und hinterließ einen deutlich sichtbaren Abdruck an jener Wand, in der sich die Tür zum Heizungsraum befand. Ich war mir sicher: Hier steigt kein Bösewicht mehr ein. Jeder verdammte Einbrecher in Hamburg-Niendorf und Umgebung würde beim Anblick meines rußigen Handabdrucks an der Wand sein Werkzeug und den Sack für das Diebesgut fallen lassen, durch das Kellerfenster Reißaus nehmen und noch bei der Flucht durch den verwilderten Garten vor sich hin murmeln: »Scheiße, die ›Schwarze Hand‹ war hier!«

# Auswärtssieg

Ich halte ein Mannschaftsfoto in den Händen. Eine muntere Bande. Blaue Trikots, weißer Kragen und Revers, durch das ein ebenso weißes Band gezogen und mit Schleife gebunden ist. Dazu blaue Hosen, blau-weiße Ringelstutzen, das große »A« im weißen Kreis auf der linken Brustseite. Ich weiß es wie heute: Meine Mutter näht das Vereinsemblem auf mein Trikot. Ich stehe daneben und bin noch stolzer, Stürmer für »meinen Verein«, den TuS Alstertal zu sein.

Jetzt drehe ich das Foto um und lese auf der Rückseite: »Als Andenken an die Mannschaftsausfahrt – 21. 6. 69«. Über vierzig Jahre ist das also her. Ich fasse es nicht. Es kommt mir so vor, als sei ich erst gestern über den Grandplatz hinterm Gymnasium Alstertal gerannt, auf der »Linksaußen«-Position trotz Rechtsfuß. In der B-Jugend und kurze Zeit sogar in der A-Jugend-»Leistungsklasse«. Ich erinnere »Schwieni« (nicht zu verwechseln mit »Schweini«!), der schon mit 13 Jahren die 50 m um die sechs Sekunden lief. Andre, das passgebende Mittelfeld-Ass mit der Timmy-Martin-Frisur, und natürlich Jörgi, genannt »Furche«. Ein abenteuerlicher wie gefürchteter Mittelstürmer, der seinen Spitznamen von unserem Trainer Wolter bekam. Denn Jörgi kannte exakt zwei Laufwege: von der Mitte der gegnerischen 16er-Begrenzungslinie über den 11er-Punkt Richtung Tor – und zurück.

Dort wartete er, bis Angriff und Ball in seine Nähe kamen und schloss nicht selten eine Flanke mit dem Kopf oder einen Pass lässig mit rechts ab. Oder er wurschtelte in dem üblichen, tumultartigen Strafraumgebolze »die Kugel« irgendwie über die Torlinie. »Furche«, stramm in der Statur, war immer einen dicken Fuß schneller. Im Gegensatz zu mir, dem spindeldürren Hering, der eher zweikampfscheu war und sich aus körperlichen Auseinandersetzungen unbedingt heraushielt, wo immer es ging. Wolters heiteres Ermahnen in Sachen Manndeckung »... und wenn dein Gegenspieler auf Klo geht, gehst du bitte mit« oder der Ansporn, wenn der Kampfeswille zu wünschen übrig ließ »... bei dir muss man schon eine Scheibe Schwarzbrot hinterherwerfen, damit du mal rennst« sind mir noch gut in Erinnerung. Ebenso das Auto seines Vaters, der uns zu jenem Auswärtsturnier im Jahre '69 nach Hannoversch-Münden begleitete. Ich durfte nämlich – nach vorheriger Auslosung – bei Wolter Senior auf der Hinfahrt Platz nehmen in dessen »Sportwagen«, so nannte man das damals voller Ehrfurcht. Allein die Formulierung »hinten nur zwei Notsitze« brachte man mit Bewunderung über die Lippen und war sich sicher, dass aufgrund des besonders großen Motors einfach kein Platz für viele Passagiere war. Es handelte sich in diesem Fall um ein zweifarbiges VW Karmann-Ghia-Coupé, poliert, funkelnd, innen edel duftend. Dunkelgrünes Chassis, weißes Dach. Beigefarbene Kunstledersitze, geflochtene Fußmatten in Polsterfarbe, Chromleisten am Armaturenbrett sowie Holzfurnier, Becker-Radio. Damals fuhr man im Freundeskreis, sofern die Familie überhaupt ein Auto hatte, Ford Taunus, Opel Kadett, VW-Variant 1200, auch mal – wie Herr Thade – einen 200er Heckflossen-Daimler. Oder wie wir, einen weißen Opel Rekord 1900. Aber einen Sportwagen? Nein, den kannte man nur aus dem Autoquartett. Ich weiß nicht warum, aber ich habe mich später vor Schulkameraden noch häufig mit dieser Ausfahrt wichtig gemacht und – um das Ganze noch zu toppen – behauptet, dieses Auto sei eine Spezialanfertigung mit Doppelmotor (was immer das sein sollte), schussicheren Spezialrädern und Funkgerät gewesen. Und natürlich waren die Drehknöpfe am Radio in meinen Erzählungen aus Elfenbein und die Chromleisten aus echtem Silber. Wolter Senior trug zum Chauffieren eine bräunlich-karierte Pepita-»Batschkapp« mit kleiner grüner Bommel Mitte-oben sowie hellbraune Autofahrer-Lederhandschuhe. Leider sieht man dieses ausgesprochen typische Herren-Accessoire heute nicht mehr. Es gehört in eine Zeit, in der es Männern vorbehalten war, »Tipparillos« zu rauchen, »Vat 96« oder »Racke Rauchzart« zu trinken und zu Hause über der Fernsehsessel-Armlehne eine Art Lederschal zu positionieren, auf dessen Mitte ein Kristallaschenbecher montiert war. Der 40 cm lange Onyx-Schuhlöffel mit kleiner, gekrallter Hand am anderen Ende (zum Rückenkratzen, wenn Kulis »EWG« spannnend wurde) gehört ebenfalls dazu. Diese Autofahrerhandschuhe jedenfalls saßen stramm und Steve-McQueen-mäßig an seinen Händen, das Leder, an den Fingerrändern mit robuster Steppnaht gefertigt, war zur perfekten Atmung der Hand mit kleinen Löchern perforiert. Ovale Aussparungen an den Fingergelenken garantierten optimale Bewegungsfreiheit und somit Grip am Lenkrad. Der souveräne Pilot lässt übrigens hierbei die auf dem Handgelenk sitzende Druckknopflasche offen.

Die Fahrt dauerte ein paar Stunden, und ich bin sicherlich nie wieder derart lässig und siegessicher nach Ankunft »an des Gegners Platz« ausgestiegen. Denn das Auto hatte mich stark und schnell gemacht und unbesiegbar. Zuvor kannte ich dieses besondere Gefühl der Überlegenheit nur beim Spielen mit meinen Corgy-Toys auf unserem Wohnzimmerteppich: Wenn man mit dem silbernen James-Bond-Auto, einem Aston Martin DB5, in Gedanken an der Küste Rio de Janeiros entlangbrettert, das Schleudersitzdach öffnet und die MPs unter den Scheinwerfern herausschnippt. Oder im Batmobil durch Gotham City fährt, die Kreissäge an der Stoßstange ausklappt und mit dem Sprungfederrad an der Seite die hinteren drei roten Raketenwerfer abfeuert. Oder eben im grün-weißen VW-Karmann Ghia mit Doppelmotor nach Hannoversch-Münden kommt. Dann hat der Gegner einfach keine Chance.

Zurück ging es dann nach verlorenem Turnier im roten VW-Bully unseres Betreuers.

# Ordnung und Chaos

Kind • Junge • Mann

*Hamburg, im Erdgeschoss des Springer-Hochhauses. Am Empfang wartet ein zuvorkommender Herr und neben ihm die Vorrichtungen zur Sicherheitskontrolle, die – bei aller Freundlichkeit – die Atmosphäre irgendwie mehr bestimmen als er: Jacken und Handtasche müssen wie am Flughafen auf ein Förderband gelegt und durchleuchtet werden. Hinter dem Gerät, das dafür zuständig ist, steht ein zweiter wohlwollend blickender Herr. Solche Maßnahmen gibt es beileibe nicht in jedem Verlagshaus oder jeder Fernsehsendeanstalt, aber die Geschichte hat diese Einrichtungen bei Springer nach sich gezogen. Und der zweite Herr wirkt fast ein bisschen stolz, dass sein Eingangstor kein ganz einfaches, normales ist, das man grüßend, aber ohne großes Aufheben zu machen durchschreitet. Bei Tasche und Jacken gibt es nichts zu beanstanden, nun müssen wir noch durch ein Tor, ebenfalls denen am Flughafen ähnlich, dann haben wir die Sicherheitskontrolle hinter uns gebracht. Im Paternoster geht es anschließend nach oben, in den 12. Stock. Den altmodischen Aufzug, den Klassiker könnte man sagen, wollte Olli Dittrich lieber nehmen als den modernen Lift, der gleich nebendran einsteigebereit gewartet hatte. Während Olli ganz entspannt über den letzten Besuch in diesem Gebäude spricht, damals, als sein Vater hier noch arbeitete, schielt man selbst auf die Etagennummern – auf den Abstand zum nächsten sicheren Boden, um ja nicht den Aus-*

*stieg zu verpassen. Alles klar, fragt Olli. Äh, klar. Seine Stimme
ist freundlich und weich. Seine Antworten, dann im Interview,
kommen stets blitzschnell. Sein Blick: immer aufmerksam,
gespannt neugierig. Und jetzt gerade gefällt ihm die Welt, in
die uns der Paternoster entlässt: das Büro des Verlegers Axel
Springer.*

**Dein Vater hat über 30 Jahre lang für den Springer Ver-
lag gearbeitet, sein Einstieg war in den frühen 60er-
Jahren bei der »Bild«-Zeitung, später gehörte er zur
Chefredaktion der »WamS« oder der Berliner »Mor-
genpost«. In den 80er-Jahren leitete er die Journalis-
tenschule.**

Er hat mit viel Leidenschaft gearbeitet, war mit Leib und
Seele Journalist. Im Tagesgeschäft, aber auch später, als er
mit Harry Hinz zusammen den Nachwuchs ausgebildet
hat. Auch heute noch, im Alter von über 80 Jahren, verfol-
gen meine Eltern das politische Geschehen sehr genau. Zu
meinen frühen Kindheitserinnerungen gehört, wie mein
Vater jeden Abend spät aus dem Büro kam – wenn er nicht
gerade durch die Welt fuhr. Als politischer Journalist
begleitete er oft die Politikergrößen der 60er- und 70er-
Jahre auf ihren Reisen, am häufigsten Ludwig Erhard. Er
war in Argentinien, Venezuela, Mexiko, Nordamerika,
Marokko. Und manchmal brachte er spannende Sachen
mit. Ich erinnere zum Beispiel eine Kollektion roter Glas-
untersetzer für den Couchtisch. Sie waren handgewebt,
hatten gelbe, grüne und blaue Streifen und an den Enden
kleine Fransen. Ich glaube, er brachte sie aus Peru mit.
Oder dieses wackelige, aus Leder genähte, ausgestopfte
Kamel. So was gab's definitiv nicht bei Spielzeug-Rasch am
Neuen Wall. Und natürlich Schallplatten mit landeseigener

Musik. Da waren wirklich schräge Sachen dabei, die mich aber immer besonders interessiert haben. Eine Longplay-Single mit marokkanischen Gesängen beispielsweise; sonderbarer Singsang, begleitet von allerhand klingelnden und klappernden Trommeln, Becken und Saiteninstrumenten. Und das Cover aus labberigem Karton, bedruckt mit arabischen Schriftzeichen. Auf einem Schwarz-Weiß-Foto sah man exotische, ernst dreinblickende Herrschaften.

*Olli und Bruder Thomas, ca. 1959*

So etwas kannte man nur von den sonntäglichen Fernsehnachmittagen, wenn man Abenteuerfilme aus »1001 Nacht« sah, mit Aladin, der auf dem Teppich durch die engen Gassen eines Basars flitzen konnte, Räubern, die sich mit Krummdolchen in der Schärpe auf dem Marktplatz in großen Körben versteckten, Großwesiren und Maharadschas, die in ihren Palästen herumsaßen, stets dick waren und frisches Obst von gereichten Platten aßen. In einer Ecke stand dann irgendwann so eine Combo herum und musizierte, während ein paar halb verschleierte Damen zum Bauchtanz anzutreten hatten. So kannten wir es aus dem Fernsehapparat, den wir Kinder übrigens »Männerkasten« nannten. Aber diese Schallplatte war etwas anderes: ein echtes Dokument, mitgebracht vom eigenen Vater, von jemandem, der wirklich dort gewesen war. Womöglich war er sogar in einem echten Palast gewesen? Mein Vater erzählte mir später dann einmal, dass er bei jener Marokko-Reise tatsächlich bei König Hassan II. zum Diner geladen war. Und so gerade noch einer kulinarischen Katastrophe entgehen konnte: Mit einer Delegation von Journalisten saß er in einem großen Zelt und wartete auf das Festmahl. Als besonderen Clou und zur besonderen Ehrung der Printjournalisten des Springer Verlags gab es eine krönende Speise: Hammelaugen! Um dem Verzehr zu entgehen, bediente er sich einer lustigen List: Er behauptete einfach, die Kollegen vom Fernsehen seien die weitaus wichtigeren Journalisten, woraufhin sein Porzellankübel Gott sei Dank ein paar Plätze weiterwanderte.

Aus Mexiko brachte er die LP »Viva Mariachi« mit. Ganz hervorragende, bis dahin noch nie gehörte Musik. Diese einzigartige Mixtur aus mehreren Gitarren, in unterschiedlichen Lagen gestimmt, dazu zwei, drei, vier Violinen, zahlreichen Trompeten und dem famosen Leadgesang – wie großartig! Ich habe dieses Album unzählige Male gehört und mir immer gewünscht, in dieser Weise einmal zu musizieren. Erst 2008, auf meinem Album »11 Richtige«, habe ich das dann tatsächlich umgesetzt. Bei dem Song »Die größte Liebe ist die, die man nicht bekommt«.

Entschuldige, aber das muss ich jetzt mal sagen: Geht Dir das auch so? Seit wir das Büro betreten haben, begleitet mich das Gefühl, man würde sich hier unberechtigt aufhalten, weil alles so aussieht, als habe Axel Springer gestern Abend noch da drüben am Schreibtisch gesessen. So präsent ist er.

*Olli Dittrich steht von dem schweren Tisch auf, an den wir uns, mitten im Zimmer, gesetzt haben und geht zum Fenster. Und tatsächlich stellt sich in diesem Raum sofort das Gefühl ein, in einer anderen Zeit, einer anderen Epoche gelandet zu sein. Es riecht nach altem Papier, ein Geruch, als hielte man sich einen Wellpappkarton unter die Nase. Nicht unangenehm, aber er fällt sofort auf. Von dem großen Verlegerbüro führt rechts eine Tür in ein kleines Separée, in dem die Atmosphäre gleich vertraulicher und intimer wirkt. Auf der linken Seite geht es in eine Art Garderobe mit Bad. Gut vorstellbar, dass hier zu Zeiten von Axel Springer immer ein Stapel frischer weißer Hemden wartete, falls der Verleger eine Nacht durchgearbeitet hatte. Im Büro selbst ist alles groß: der Schreibtisch, die Fenster, der Besprechungstisch – kurz gesagt: Ehrfurcht einflößend. Olli allerdings ist längst schon beim nächsten Punkt: der Aussicht.*

Was für ein Blick über Hamburg! Großartig, wie weit man sehen kann. Schade, dass der Tag heute eher grau ist, sonst würde man sicher noch weiter blicken können. Und das Geländer hier vorm Fenster, ha! Wie eine Reling, an der sich der Kapitän postiert. Hier lassen sich bestimmt gut Entscheidungen treffen. *(Schaut nach rechts zu einer kleinen Truhe.)* Das ist ja lustig. Was ist das?

**Eine Bar? Mein Großvater hatte etwas Ähnliches.**
Die altmodische Variante einer Minibar? Tatsächlich. Wahrscheinlich mit Whiskey und Gästezigaretten, die Axel Springer seinen Besuchern anbot, wenn sie in seine heiligen Hallen durften.

**Da Dein Vater so viel gearbeitet hat – hast Du ihn als Kind vermisst?**

Hm. Das kann ich gar nicht recht beantworten. Als kleines Kind oder auch als Jugendlicher habe ich seine Abwesenheit nie hinterfragt. Es war eben so. Der Vater arbeitet viel. Punkt. Er war dadurch natürlich lange nicht so präsent für uns wie unsere Mutter. Väterliche Anwesenheit im Familienleben war eher auf den Sonntag oder gemeinsame Sommerferien beschränkt. Wir Kinder kannten es auch aus Familien im Freundeskreis nicht anders. Ich bin Geburtsjahrgang 1956. Also in einer Zeit aufgewachsen, in der Väter, die sich wie die heutigen Papas »voll einbringen«, absolute Exoten waren. Der Vater der 50er-, 60er-, 70er-Jahre kam abends nach der Arbeit nach Hause, und da hatte Ruhe zu sein.

**Du klingst nicht enttäuscht.**

Warum auch? Es war eben so. Die Mutter war Bezugspunkt Nummer eins. Mit ihr sind wir im Alltag groß geworden. Sie hat uns begleitet, beschützt und alles dafür getan, dass wir glückliche Kinder sein konnten. Grundsätzlich hatte mein Vater als junger Journalist sicher auch einiges zu stemmen, denke ich. Später, als ich von Beginn der 90er-Jahre an mehr und mehr in der Öffentlichkeit stand und selbst mit Journalisten zu tun hatte, habe ich – wenn auch aus

*Familienausfahrt: Mutter, Markus, Oma, Olli, Vater, 1967*

anderer Perspektive – er-
fahren und einen Zugang
dazu bekommen, wie es
ist, wenn man immer
hinter der aktuellen Mel-
dung her sein muss, wie
viel Kraft es kostet, Tagesgeschäft zu betreiben.
Was Konkurrenzsituatio-
nen, auch unter eigenen

*Bei Opa: Waldspaziergang, 1962*

Kollegen, im eigenen Hause, für Energien ziehen. In den
50er-Jahren, als mein älterer Bruder und ich zur Welt
kamen, war der Wettbewerbsdruck unter jungen Journalisten – gerade im Bereich Politik – sicher noch viel stärker als heute. Eine bewegende, sehr aufregende, aber auch
stressintensive Zeit für Zeitungsmacher, würde ich sagen.
Sehr viel später hat er dann ja, gemeinsam mit Harry
Hinz, die Leitung der Springer-Journalistenschule übernommen. Und ich hatte oft den Einduck, dass ihm diese
Arbeit ganz besondere Freude geschenkt hat. Das jahrzehntelang gesammelte Wissen der tagespolitischen Journaille, das kreative Blattmachen, all die Erfahrung jetzt an
junge Leute weiterzugeben, muss einen irrsinnigen Spaß
gemacht haben. In meinem Metier würde man sagen:
»Kreatives Fernsehen machen ohne Quotendruck.«
Davon träumen ja alle. Und er war sehr beliebt bei seinen
Schülern, wie ich später ein ums andere Mal gehört habe.
Ehemalige Schüler und Schülerinnen der Journalisten-
schule, denen ich später auf beruflichem Wege begegnete,
erzählten mir, dass sie bei meinem Vater gelernt haben
und er ein toller Lehrmeister war. Das war auch die Zeit,
in der mein Vater und ich uns häufiger austauschten. Als

ich dann Ensemblemitglied bei »RTL Samstag Nacht« wurde, sich Formate wie »Zwei Stühle – eine Meinung« oder »Neues vom Spocht« etablierten, kamen wir über den Humor natürlich auch noch ganz anders ins Gespräch. Meine Eltern waren sowieso große Fans von Loriot, hatten immer schon ein Faible für das politische Kabarett gehabt, für die Münchener »Lach- und Schießgesellschaft« oder die Berliner »Stachelschweine«. Für Politikerpersiflagen wie die legendären Willy-Brandt-Parodien von Achim Strietzel. Und für Wolfgang Neuss, Werner Finck. Ein wenig haben wir diese Welt mit »Zwei Stühle – eine Meinung« ja schon gestreift. Ach ja, kurzer Rückblick: Ein prägendes, außerordentlich amüsantes Stück Familienleben mit den Eltern waren natürlich – als mein Bruder Thomas und ich 15, 16 Jahre alt waren – die Skat- und Doppelkopfschlachten am Sonntag. Stundenlang, bis in den Abend. Und wir alle vier waren Raucher. Blaue Schwaden im Wohnzimmer. Das habe ich so später nur in Rudi Carrells Büro erlebt. Dass man hereinkommt und den drei Meter entfernten Tisch nicht mehr sehen kann. Zum Abschluss gab's dann eine abendliche Familienfahrt ins legendäre »Nürnberger Bratwurstglöckle« am Grindel, wobei mein Vater mit »Einmal 12« plus Kraut, natürlich auf dem Zinnteller, meist vorne lag.

Zuvor Griebenschmalz aus kleinen grauen Steinguttöpfchen auf frischem Graubrot. Leicht gesalzen. Großartig.

**Habt Ihr gemeinsam ferngesehen mit der Familie?**
Eigentlich durften wir abends nicht so lange schauen. Eher nachmittags, meist am Samstag. Dann gab's eine Flasche Cola und für jeden von uns eine Tüte Colorado-Kon-

fekt. Ab 14 Uhr wurde dann im Wohnzimmer herumgelungert und geschaut, bis es dunkel wurde. Eine meiner Lieblingssendungen, zum Leidwesen meiner Brüder, war »Jugoslavia dobar dan« – ich hoffe ich habe den Titel richtig in Erinnerung –, eine Sendung aus einer Reihe »für unsere ausländischen Mitbürger«. Von Woche zu Woche wechselndes Programm, mal kamen die Italiener dran, mal die Spanier, Griechen oder Jugoslawen. Mir gefielen diese sonderbaren Leute mit ihren exotischen Sprachen, Bräuchen und Moderationen natürlich ganz besonders. Aber wir sahen auch »Als die Bilder laufen lernten«, »Daktari«, »Tarzan« oder

*Mit Vater in Bremerhaven, ca. 1967*

»Die kleinen Strolche«. Die gesamte Familie versammelte sich zum Abendprogramm bei »High Chaparell«, »Mit Tennisschläger und Kanonen«, »Department S« und »Ihr Auftrag, Al Mundy«. Und natürlich bei Rudi Carrell oder »EWG« mit Kuli. Das waren wirklich große TV-Ereignisse für die ganze Familie.

Genauso wie die bis heute unerreichte Reihe »Raumpatrouille«. Ein absoluter Mattscheibenmagnet, der uns alle gebannt vor dem Fernsehapparat versammelte. Auf viereckigen Holzbrettchen, deren Ecken abgerundet waren, servierte unsere Mutter übereinandergetürmte Viertelschnittchen mit Schinken, Camembert, Teewurst und Salami. Dazu ein kühles Bier für den Vater, Mineralwasser für die Mutter und Tri-Top mit Kirsch-, Orange-

oder Apfelgeschmack für die Kinder. Dann ging es pünktlich los, nach der »Tagesschau«. Der schnelle Raumkreuzer Orion 7 hob ab. Später – nach der ersten Folge, in der Cliff Allister McLane sein Schiff den »Frogs« zum Trotz geopfert hatte und strafversetzt wurde – mit der Orion 8. »Was heute noch wie ein Märchen klingt, kann morgen Wirklichkeit sein. Hier ist ein Märchen von übermorgen.« So ging es los. Und ich konnte lippensynchron mitsprechen. Atan Shubashi, Hasso Sigbjörnson, Tamara Jagellovsk, Helga Legrelle und Mario de Monti. Was für eine Crew! Da können Kirk, Spock, Mr. Zulu und Ohura doch locker einpacken, allein schon von den Namen her. Man lernte Begriffe wie »schlafende Energie«, »intergalaktischer Rücksturz zur Erde« oder »Lichtspruch zur Erde«. War fasziniert von dem Beiboot, das aussah wie eine Kuppel aus Luftpolsterfolie und »Lancet« genannt wurde, hatte Angst vor den »Frogs«, kleinen gefalteten Papierfliegern, die als Bösewichte tricktechnisch durchs All knatterten, begleitet von dramatischen Klängen einer Farfisa-Orgel. Man staunte über eine explodierende »Supernova« aus Mehl und fürchtete natürlich Oberst Villa, der in der Folge »Invasion« nach einer Gehirnwäsche für die andere Seite spielte. Klar, dass McLane das Unheil am Ende immer abwenden konnte. In jeder Episode. Ich war von dieser Reihe so gepackt, dass ich – vornehmlich in meinem Mathematikheft – den schnellen Raumkreuzer in allen Varianten zeichnete, mal im Steigflug aus dem Meeresstrudel heraus, mit flatternden Luftblasen am Unterboden, mal im seitlichen Landeanflug durch eine Kraterlandschaft, mal geparkt mit diesem merkwürdigen, ineinandersteckbaren, dreiteiligen Turm, der den Kontakt zum Boden herstellte. Dann fügte ich noch gern die herauskommende Crew hinzu, in ihren schwarzen coolen Anzügen mit den schweren Metallarmreifen, in denen Funksprechgeräte waren, und mit ihren Phasern; Laserpistolen, die aussahen wie auf den Kopf gestellte Hebehaken für Gullideckel. Ich habe vor ein paar Jahren Wolfgang Völz, der in »Raumpatrouille« den Mario de Monti gespielt hat, kennengelernt und ihm berichtet, wie fanatisch ich als Kind mit dieser Serie war. Und Völz hat sich wirklich sehr gefreut darüber, besonders über folgende Anekdote: Wir hatten in unserem Kinderzimmer einen kleinen Kleiderschrank. Vielleicht 1,50 Meter hoch, 1 Meter breit. Ursprünglich mal schmucklos braun, Mutter hatte ihn weiß lackiert, die Türen dunkelblau. Den räumte ich zum Spielen komplett aus und bemalte zunächst mit schwarzen Wachsmalstiften die Türen von innen mit allerhand kleinen Kreisen, Rechtecken und dicken Strichen. Dies sollten Hebel, Warnleuchten und Druckknöpfe sein, insgesamt das Armaturenbrett der »Orion 8« also. Dann befestigte ich mit einem Gummiband eine Taschenlampe an der Kleiderstange, nahm das Kinderstühlchen meines Bruders Markus, setzte mich damit in den Schrank und schloss die Tür von innen. Mit zugekniffener Nase imitierte ich sodann den Countdown aus der Serie, täuschend echt und mit nachgesprochenem Echo: »10-9-8-7-6-5-4-3-2-1-0«. Und Abflug. Direkt nach der »Null« begann ich mit aufgepusteten Backen eine Art Trompetensound nachzuäffen und die Titelmelodie zu schmettern. So, wie es auf der Single vom »Peter Thomas-Sound Orchester« auch zu hören war: »Da-da-dadada-da-dada-da-dada-dadada -- Da-da-dadada-da-da-dadada.« Danach, in der Lautstärke deutlich abgeschwächt: der B-Teil der Komposition im nasalen Orgelsound. So ging es in dem schwach beleuchteten Schrank mit Lichtgeschwindigkeit durchs All.

**Hast Du als Kind auch politische Sendungen verfolgt?**
In den 60ern habe ich manchmal dabeigesessen, wenn mein Vater die TV-Diskussionsrunde des damaligen WDR-Fernsehdirektors Werner Höfer anschaute. »Internationaler Frühschoppen« hieß dieser Journalistenstammtisch. Er sah die Sendung natürlich aus politischem, beruflichem Interesse, mich haben die Themen immer furchtbar gelangweilt, ich hatte auch meist keinen blassen Schimmer, wovon die Rede war. Aber die Typen fand ich spannend. Wie sie beim Reden gestikulierten. Was für Gesichter sie machten. Und am Tollsten waren natürlich die Herrschaften, die sich in der Diskussion ein bisschen gehen ließen und laut wurden. Und dann die vielen ausländischen Akzente, Wahnsinn. Und alle haben ausdrücklich geraucht. Sehr spannend. Und oft sehr, sehr komisch.

**Änderte sich für Dich dann etwas, als 1972 im Springer-Hochhaus in Hamburg Bomben der RAF explodierten?**
Was meinen Spaß an skurrilen, unfreiwillig komischen Leuten, die man auch mal in der »Tagesschau« sehen konnte, betraf, nicht wirklich. Aber der ganze aufkommende Terrorismus bewirkte natürlich schon einiges. Und dass er uns plötzlich so nahe kam. Wir hatten damals unglaublich großes Glück, denn mein Vater war an dem Tag auf Dienstreise. Sein Büro lag in dem Teil des Gebäudes, der stark zerstört wurde.

**Hatte er die RAF bis dahin als Bedrohung wahrgenommen?**

Es gab eine seltsame Begebenheit, die mir gerade wieder einfällt. Die sich aber erst im Nachhinein als tatsächliches Anzeichen der Bedrohung deuten ließ. Vor den Anschlägen klingelte irgendwann abends ein Nachbar bei uns und sagte: »Herr Dittrich, kann ich Sie mal kurz sprechen?« In der Nachbarschaft hatten ein paar jüngere Leute, die keiner aus der Gegend kannte, beiläufig herumgefragt, wo denn der Herr Dittrich sein Auto parke? In welchen Container er seinen Müll werfe und wo sein Keller sei. Die Dimension hinter der Frage haben wir Kinder erst gar nicht recht begriffen.

**Diese Anschläge, was haben sie bei Dir ausgelöst?**

Das Gefühl, dass plötzlich etwas so real war, was man bis dahin nur aus dem Fernsehen kannte. Gewalt, Bedrohung, Bombenanschläge, das existierte ja nicht wirklich in unserem Alltag. Mit den Anschlägen auf das Springer-Haus, den frühen Taten der RAF, änderte sich das schon dadurch, dass mein Vater als Mitarbeiter des Verlags plötzlich gefährdet war.

**Wie hast Du den Tag des Anschlags erlebt?**

Ich kann mich nur an die unglaubliche Erleichterung erinnern, dass ihm nichts passiert war. Es war ein Gefühl, als wäre ein Flugzeug abgestürzt, und jemand, von dem man meinte, er fliegt mit, hatte in letzter Minute umgebucht. Ganz kurz wohnte der totale Schreck, die angstvolle Ohnmacht in uns allen. Gott sei Dank löste sich das schnell in Wohlgefallen auf. Und in den Wochen und Monaten danach trat dieses kurz aufgekommene Gefühl der unmittelbaren Bedrohung auch wieder in den Hintergrund. Manch anderer war vielleicht mehr in Sorge, sprach öfter darüber. An der Schule wurde ja viel diskutiert und in Vollversammlungen das politische Geschehen sehr offensiv thematisiert zu dieser Zeit. Aber mich hat dieser ganze »politische Kram« einfach nicht die Bohne interessiert. Nicht gerade besonders rühmlich, vor allem in dieser Zeit, aber so war es halt. Mädchen, Fußball und Musik waren eher meine Themen.

**Die »Bild«-Zeitung war für Dich von klein auf präsent. Hast Du deshalb ein Faible für ihre Leserschaft? Zu der Deine Figur »Dittsche« gehört: ein Arbeitsloser, der seit 2004 sonntagabends auf die letzte Woche zurückblickt und versucht, die Welt zu erklären, und das immer auch auf der Basis dessen, was er in »Bild« gelesen hat.**

Vielleicht hat das unterbewusst eine Rolle gespielt, mag sein. »Dittsche« entstammt jedenfalls zu einhundert Prozent einem Milieu, das »Bild« liest, für bare Münze nimmt, sich deren plakatives Wissen aneignet und damit prahlt. Dinge behaupten, nur um sich wichtig zu machen, auch vorgegaukelte Großspurigkeit für bare Münze nehmen und bei anderen damit auftrumpfen, das ist »Dittsches« Geschäft. Beide leben ja von »großen Meldungen«. Meldungen, die vielleicht im Ursprung gar nicht so groß sind, es aber durch die Lautstärke des Erzählers im Auge des Betrachters werden. Der Jargon, die vermeintliche Sensation, die hineingetragene Bedeutung in Nebensächliches oder gar Belangloses, das ist »Dittsches« Welt. Wie oft sagt er: »Aber das macht mir Sorgen, mein Ingo. Das stand doch inne ›Bild‹-Zeitung drinne!« Mittelmäßige Fußballer werden schnell zu »Titanen«, Giftstoffe in Spielzeugtieren bedrohen plötzlich »uns alle, mein Ingomann«, oder Meteoriten fliegen »nur ganz knapp« an der Erde vobei, auch wenn es sich um ein paar Millionen Kilometer gehandelt hat. Dann hat »Dittsche« Angst und wird kiebig, wenn die Dramatik seiner Warnung nicht ernst genommen wird: »Wenn der hier auf Eppendorf fällt, dann kannst du deine Braterbude dichtmachen.«

Mir fallen gerade zwei Schlagzeilen ein, die komplett gaga waren: »Forscher ernährte sich 6 Jahre von Licht«. Oder: »Wissenschaftler macht aus Katzen Benzin«. Oder diese schönen Serien, zum Beispiel wenn Prinz Foffi Tatjana Gsell heiratet und die Leser das glückliche Paar malen sollen. Dann diese ganzen Pseudogrößen aus Castingshows, Dschungelcamps oder Auswandererdokus. Die sieht »Dittsche« abends im Fernsehen, morgens in »Bild«, und dann marschieren sie noch einmal im Imbiss durch seinen Kopf. Als Helden, Sieger, Titanen. Wenn »Dittsche« die »Bild« zitiert, dann nicht, um ein Stück Satire im herkömmlichen Sinne zu liefern, denn: »Dittsche« ist kein Kabarettist. Sondern um ein, wenn auch bisweilen absonderliches Abbild eines deutschen Verlierergroßmauls zu zeigen, das sich durch »Bild« vertreten fühlt und eben nicht durch den »Spiegel«, die »FAZ« oder die »Süddeutsche«. Es geht mir darum, die Meldungen zu nehmen und zu zeigen, wie sie dort stehen. Durch das, was sie auslösen, wenn sie bierernst und bleischwer genommen werden. Wobei es ja in meiner Sendung keinesfalls immer um die »Bild« geht, das muss man auch mal ganz klar sagen. Aber: Was passiert, wenn ein argloser Mensch wie »Dittsche« fernsieht, eine Boulevardzeitung liest und glaubt, was ihm da so tagtäglich berichtet wird.

Vor allem aber: Welche ihm ganz eigenen Schlüsse zieht er daraus mit seinem gefährlichen 5%-Wissen? Dass er gelegentlich Angst entwickelt vor vermeintlicher Bedrohung. Dass er an nicht erhörter Warnung aus seinem Munde verzweifelt, sich alleingelassen Antworten zurechtlegt, um mit einer Meldung zurechtzukommen, oder dass er an absurden Lösungen bastelt, um Unheil abzuwenden. Verschwörungstheorien aufstellt, seine Wohnung und die seines Nachbarn sichern will und dabei eine Katastrophe nach der anderen herbeiführt. Natürlich ist das lustig bisweilen. Das soll auch so sein, denn »Dittsche« ist eine Unterhaltungssendung. Aber es ist auch gelegentlich und immer wieder sehr ernst für kurze Momente, wenn die ganze fatale Kraft, die der Boulevardjournalismus auslösen kann, ungeschönt an ihm sichtbar wird. Und das ist dann manchmal auch einfach nur traurig. Die »Bild« ist seine Bibel – nicht meine, um das klipp- und klarzustellen – sein »Schwarz-auf-Weiß«. Sie macht ihn auch stark. Ich erinnere mich an eine Kampagne der »Bild«, schon länger her. Da lief es sinngemäß darauf hinaus, dass eine – wie auch immer gelackmeierte – Person zu ihrem Widersacher sagte: »Ich gehe nicht zur Polizei. Ich gehe zur ›Bild‹-Zeitung.« Diese Macht meine ich. Noch über den Staatsorganen. Und von dieser Macht übernimmt »Dittsche« einiges, um in seiner kleinen Welt gelegentlich zu triumphieren. Vor allem wenn es um Fragen geht, auf die sowieso keiner eine Antwort, Probleme, zu denen niemand eine Lösung hat. Mir macht es wahnsinnig Spaß, mit »Dittsche« das aufgreifen und die Schraube weiterdrehen zu können. Eine große komische Fallhöhe.

»Dittsche« erzählt viel Unsinn, aber nur den Unsinn,

den es tatsächlich gibt, der uns tagtäglich als Nachricht und Wahrheit präsentiert wird. Noch einmal das Beispiel von eben, so gelesen in der »Bild«: »Forscher ernährte sich 6 Jahre von Licht«. Daraus folgert »Dittsche« dann, dass man bei Dunkelheit verhungern müsste. Ergo: »Dittsche« erzählt, dass er sein Bad eine Woche komplett abgedunkelt hat, um die Silberfische auszuhungern. Ergo: Er musste sich im Dunkeln rasieren. Ergo: Er hat sich geschnitten und kommt mit einem Riesenpflaster am Kinn in den Imbiss.

»Bild« passt auch deshalb so gut zu ihm, weil er sie schnell und oberflächlich erfassen kann. Er muss nicht wirklich in die Tiefe gehen. »Bild« serviert ihre Inhalte in kleinen, griffigen Häppchen und einer ganz bestimmten Mischung.

»Dittsche« ist jemand, der in seinem Leben wahrscheinlich vieles auszusitzen versucht hat, der sich vieles, was schiefgelaufen ist, schöngeredet hat. Er weiß genau, was es so alles Schönes und Gutes gibt, aber auch, dass er davon nie etwas haben wird. So geht es vielen Menschen, die das alles nur von fern bewundern können und sich zugleich an »Titanen« orientieren. Entweder an gemachten Helden, die im Wesentlichen für und durch die kurze Dauer ihrer TV-Präsenz bekannt sind. Oder an echten Leistungsträgern, meist Sieger und Vorbildkämpfer im Sport, wie seinerzeit Oliver Kahn, Boris Becker, Henry Maske und Michael Schumacher. Oder jetzt Mesut Özil, Vitali und Wladimir Klitschko oder Sebastian Vettel. Diese Leute sind im besten Sinne – selbst im Mannschaftssport – Einzelkämpfer, die stellvertretend für die anderen im entscheidenden Moment einen genialen Ball zum alles entscheidenden Sieg unhaltbar aus 30 Metern oben links in den Winkel zimmern, jemanden k. o. schlagen oder als Erster durchs Ziel fahren. Jemand, der wie »Dittsche« selbst eigentlich nichts im Leben hinbekommt, weiß zudem auch in der Niederlage dieser Helden ganz genau und besser als alle anderen, warum sie gescheitert sind und was sie bitte hätten besser machen müssen. Und weil er das so genau weiß, nimmt er automatisch die Berechtigung in Anspruch, dies alles anzuprangern und darüber zu richten. Irgendwann hat »Dittsche« mal vermutet, dass Olli Kahn Vogelgrippe hat. Seine in sich schlüssige und gleichsam aberwitzige Beweisführung stützte sich auf eine Beobachtung bei seinem Nachbarn Westphal: Dessen Nymphensittich verlor Federn und saß mit klammernder Kralle auf einer Stange. Eine Armhaltung, die »Dittsche« bei Olli Kahn wiedersah, als der gegen Real Madrid einen entscheidenden Ball von Roberto Carlos nicht festhalten konnte. Schlussfolgerung: Olli Kahn ist in der Mauser als Folge der Vogelgrippe und hat deswegen im Tor versagt. Der Formkrise seines Titanen Kahn lag also höhere Gewalt zugrunde. Gleichzeitig konnte er ein weiteres, sehr heißes Thema dieser Zeit verarbeiten: die angebliche Bedrohung durch die Vogelgrippe. Ein Supergau in seinen Augen, wenn nun ausgerechnet einer unserer Leitwölfe davon betroffen ist. Es gibt von ihm ähnlich umfangreiche Abhandlungen über Jan Ullrich, dass dieser selbst gar nicht gedopt war, sondern lediglich dessen Fahrrad, und dies durch einen Sabotageakt. Auch Wladimir Klitschko war für ihn »ganz klar« schon Opfer der »Milchschnitten-Mafia«, als er eine seiner wenigen Niederlagen kassierte. »Dittsches« Titanen sind an Niederlagen jedweder Art immer völlig unschuldig und bleiben als Helden stets unbeschädigt.

**Ist all das Deine Aufforderung zu hinterfragen, was um uns herum passiert. Hat »Dittsche« da eine Mission?**

Nein, das wäre viel zu hoch gehängt. In erster Linie unterhalten wir die Menschen. Aber nachfragen und versuchen – trotz Irrwitz und Übertreibung –, die Wahrheit abzubilden in ihrer gelegentlichen Entgleisung, das kann ja ganz und gar nicht schaden. Auch die vorübergehenden Ersatzdenkmäler mal als solche zeigen, durch Übertreibung im Jubel.

Und heute muss ja alles schnell gehen. Man hat wenig Geduld, darauf zu warten, dass alle paar Jahre mal ein spannender Boxkampf oder ein WM-Endspiel läuft. An die 54er Fußball-WM erinnert man sich noch heute, auch an die Kämpfe Ali vs. Frazier oder in Kinshasa gegen Foreman. Die Klitschkos boxen mehrere Male im Jahr, und die Formel 1 kürt jedes Jahr einen Weltmeister. Ebenso der Tenniszirkus. In der Popmusik ist es nicht anders. Wenn wir von wirklichen Superstars reden, denken wir an Leute wie Michael Jackson, Paul McCartney, Tina Turner, Elton John. Leute, die ganz klein angefangen haben, die sich in Knechtschaft und über Jahre des Tingelns durchgearbeitet haben, bis erste Erfolge kamen. Die jahrelang in Probenräumen zugebracht haben und mit wenig Geld in der Tasche kompromisslos ihren Weg gegangen sind. Die Nachhaltigkeit ihrer Popularität und die teilweise Bedeutung ihrer Kunst über Jahrzehnte ist nicht nur ein Ausweis von Talent, sondern auch ein Spiegel dieser Haltung, dieses Werdegangs. Heute bekommt man das Prädikat »Superstar«, wenn man bei Bohlen das Finale gewinnt. Und nach einem halben Jahr, spätestens aber wenn die nächste Staffel beginnt, ist die Karriere beendet. Und während der Wettbewerb läuft, werden zwischendurch –

zur Erheiterung aller – die Nieten vorgeführt. Wie der »Elefantenmensch«, der auf dem Jahrmarkt an einer Kette herumgeführt und dem Spott der gaffenden Menge preisgegeben wurde. In täglichen Dokusoaps und Nachmittags-Talkshows ist das Elend ja auch zu bestaunen. Ich kann das gar nicht anschauen ohne Fremdschämen. Diese ganzen Freaks, die Hilfe vom Fernsehen brauchen: bei Schulden, bei der Kindererziehung, wenn sie Messies sind oder Pauschalurlauber. Die ohne Rücklagen und Ahnung Häuser bauen, ihre Hunde nicht gebändigt kriegen, die nicht kochen und erst recht kein Restaurant führen können. Gruselig.

»Dittsche« ist natürlich auch ein Loser, zunächst mal aber eine fiktive Person. Die wir keineswegs zum Abschuss freigeben. Wir lassen ihn reden. Wir sympathisieren mit ihm. Er ist der, der die Fäden in der Hand hält in unserer Sendung. Ein tragischer Held. Nicht das Opfer, über das belustigend berichtet wird. Ein entscheidender Unterschied. Er zeigt uns eine andere Sicht auf das Scheitern in all seinen Facetten. Und: »Dittsche« lenkt gern von der eigenen Pleite ab. Und sucht die Schuld bei anderen. Das ist nicht nur weitverbreitet, sondern auch sehr lustig manchmal. Damit zeigt er auch, wie sehr Mutmaßungen und Halbwissen bei manchen Menschen plötzlich zu Leitlinien werden: Wie nach Sündenböcken gesucht wird und wie Vorurteile entstehen. Interessant ist, dass Leute wie er anderen oft genau jene Dinge vorwerfen, die bei ihnen selbst ganz besonders im Argen liegen. Indem er den Fehler verschiebt, reinigt er sein Gewissen. Seine Schuldzuweisungen sind ja nur ein klarer Ausdruck von Hilflosigkeit. Eine Art Überlebensstrategie eines Charakters, der bei Schwierigkeiten früh an Grenzen stößt und sich mit

Vorverurteilung und Täuschungsmanövern über Wasser hält. Jemand, der halt einfach oft nicht weiterweiß. Dafür habe ich durchaus Verständnis und auch Sympathie.

**Wieso?**
Erinnert mich an meinen eigenen Weg, der auch von vielen Niederlagen geprägt ist: großen Plänen, zahlreichen künstlerischen Versuchen, die im Nichts endeten. Und an denen vordergründig auch gern mal die anderen Schuld waren.

**Na ja, aber Du stehst im wahren Leben nicht im Bademantel im Imbiss, trinkst Bier und lenkst vom eigenen Verliererdasein ab.**
Weil ich bei aller Sympathie für »Dittsche« in einem Punkt ganz anders bin: Ich bin eher der Typ fleißiger Soldat, der sich durchbeißt, der mit Disziplin marschiert. Was grundsätzlich viele Vorteile, aber auch Nachteile hat. Ich habe die Erfahrung gemacht, dass zu eiserne Disziplin auch hindern kann, loszulassen, wenn dies das einzig Richtige wäre. Dann wird Disziplin zum bleischweren Korsett. Man muss aber Regeln gelegentlich über den Haufen werfen. Nur im Risiko liegt die größte Chance auf Veränderung. Ich konnte mich immer schon schlecht trennen, ob von Menschen, Dingen oder Berufswegen. Da waren lange Lehrjahre nötig, um dem inneren Wunsch nach Veränderung auch Taten folgen zu lassen. Die Zwischenzeit war oft ein lähmender, krankmachender Prozess. Meine verkappte Karriere bei der Plattenfirma Polydor zum Beispiel, wo ich zwischen 1978 und 1985 in verschiedenen Ressorts tätig war, immerhin sieben Jahre, ist ein guter Beweis dafür. Anfangs ganz spannend und

interessant, aber im Grunde die völlig falsche Baustelle
für mich. Falsche Seite des Schreibtischs, sozusagen. Aber
ich habe immer weitergemacht, obwohl ich nach zwei
Jahren spätestens wusste, dass es nicht der richtige Weg
war. Ich hatte keine Idee, wie ich mein Leben in die Hand
nehmen muss, um etwas zu verändern. Und keinen Mut.
Ich schleppte mich lieber monatelang mit Darmkrämpfen
ins Büro, bis es nicht mehr weiterging. Und nur noch die
Nervenärztin weiterhelfen konnte. Ein hoher Preis, aber
so fand ich heraus, was ich ändern musste. »Dittsche« ist
ein Gestrandeter, ein bisweilen einsamer Schwadroneur,
aber er bringt uns durch die Pointen auch nahe, dass man
mit Versagern durchaus sympathisieren kann.

**Warum kommentierst Du die Welt eigentlich nicht als
Olli Dittrich?**
Zwei einfache Gründe: Die Verwandlung, das ist meine
Sache. Dem gehe ich mit großer Leidenschaft nach. Es zog
mich immer schon eher dahin, in eine andere Haut zu
schlüpfen und in einer Figur zu erzählen. Hier gebe ich
mich völlig hin und bin als jemand anderer real. Da fühle
ich mich sicher, das ist meine besondere Begabung.

Zweitens: Ich bin kein Kabarettist, das ist einfach eine
ganz besondere Disziplin. Vor der ich sehr großen Respekt
habe, wenn man wirklich gut sein will. Allein schon weil
man tages-, partei-, weltpolitisch voll auf der Höhe sein
muss. Und dazu habe ich weder die Ambition noch die
Ahnung, um beispielsweise ein Programm zu entwickeln
und damit auf die Bühne zu gehen. Schramm kann das.
Volker Pispers kann das. Dieter Nuhr kann das. Die Groß-
meister Neuss und Beltz – Gott hab sie selig – konnten
das. Und natürlich Hildebrandt, Harald Schmidt.

**Wie lange brauchst Du, um Dich in »Dittsche« zu verwandeln?**

Ich ziehe den Bademantel an. Dann ist er da. Eigentlich ist er in meinem Alltag sowieso immer dabei.

**Jede Folge von »Dittsche« beginnt damit, dass er im Bademantel den Imbiss betritt, Wirt Ingo und den Stammgast »Schildkröte« begrüßt und dann mit seinen Theorien zum Weltgeschehen loslegt. Wie viele Exemplare des unvermeidlichen Bademantels hast Du über die Jahre eigentlich verschlissen?**

Gar keines! Das ist immer noch das erste Modell, mit dem ich schon 1991 im »Quatsch Comedy Club« angefangen habe. Mein Kostümbildner Michael Zinn passt darauf auf.

**Wann ist Dir die Figur »Dittsche« zum ersten Mal in den Sinn gekommen?**

Seine Geburtsstunde war ungefähr 1990, in etwas kruden Hörspielen. Erste Bühnenauftritte im »Quatsch Comedy Club« in Hamburg waren 1991, da trug »Dittsche« schon

*Jon Flemming Olsen als Ingo, Dittsche, Mr. Piggi als Schildkröte, 2004*

*Dittsche im Quatsch Comedy Club, 1992*

den Bademantel und sprach im Hamburger Dialekt. Allerdings noch sehr prollig bisweilen, laut, grob und übertrieben.

**»RTL Samstag Nacht« startete 1993. Hätte es sich da nicht angeboten, »Dittsche« zu spielen? Du hättest ein Riesenforum gehabt.**
Das stimmt schon. Ich glaube, ich habe es auch einmal versucht, das passte aber alles überhaupt nicht zusammen.

»Dittsche«, so wie er heute zu sehen ist, war noch nicht so weit gereift. Die Figur steckte, so kann man es vielleicht am besten sagen, noch in einem Entwicklungsprozess. Wie ich selbst ja auch.

**Oder passten Comedy-Fernsehen und die Figur mit dem teils abseitigen Humor und all ihrem Eigensinn nicht zusammen?**
Keineswegs. Das wäre schon gegangen. Mit dem »Dittsche« von heute ganz sicher. Aber das Selbstbewusstsein, einen solchen Verlierertyp halbwegs glaubwürdig wiederzugeben, musste ja auch erst mal wachsen. Ich war noch nicht so weit. In den ersten Versuchen im »Quatsch Comedy Club« habe ich auch eher eine polternde, kla-

maukige Niete gespielt. Schon irgendwie ganz lustig und skurril, aber eben sehr äußerlich. Alles, was die Figur heute ausmacht, ist das, was von innen kommt. In seinem tatsächlichen Leid, das ja immer mal durchschimmert, in seinen permanenten Niederlagen liegt große Kraft, aus der sich beim Spielen viel entwickeln lässt. Ebenso wie aus den Dingen, über die wir vorhin gesprochen haben. Medienmacht? Wo liegt die Wahrheit in einer Nachricht? Was wird behauptet und von Millionen nicht hinterfragt übernommen? Oder auch: Was tun Leute, um ihre Popularität zu erhalten, wie viel wird in die Öffentlichkeit getragen und wie oft, nur um bekannt zu sein? Was bedeutet einem Popularität, warum ist man eigentlich populär und wofür? Mit Recht? Aufgrund von Leistung oder nur durch stete Anwesenheit dort, wo die meisten roten Teppiche liegen? Und: Ist es überhaupt schön, öffentlich zu sein? Macht es mich stark, richtet es mich auf, nur weil mich jeder kennt? Ein interessantes Phänomen unserer Zeit, in der Menschen soziales Miteinander über Facebook austauschen, sich in einer Weise mit ihrem Privatleben ausstellen und der Öffentlichkeit zugängig machen, die für mich nicht begreifbar ist. Jeder will irgendwie bekannt sein, weil es die Möglichkeit dazu gibt. Und beliebt durch »Freunde«-Sammeln.

**Was gibt Dir Deine Popularität?**
Sie bedeutet mir absolut nichts, aber sie schenkt mir Freiheit. Die Möglichkeit, immer unabhängiger und freier zu arbeiten. Das ist in Wahrheit das Glück daran, wenn man ein bisschen Erfolg hat. Und das trifft ja auf alle zu, die den Schritt in die Selbstständigkeit wagen. Es gibt Menschen, die es genießen, die Dinge selbst in der Hand zu haben.

Ob man nun eine eigene Bäckerei hat und selbst über die Brötchen bestimmt oder über das Konzept einer Unterhaltungssendung.

**Gibt es prominente Gäste, die Du gern zu »Dittsche« in den Imbiss einladen würdest?**

Ja, es gibt immer wieder Ideen, wer toll für die Sendung wäre. Meist ergeben sie sich durch aktuelle Anlässe oder auch weil die Person sehr populär ist und damit in der Sendung eine besonders große, komische Überraschung wäre. Ich war mal eine Zeit lang an Udo Lindenberg dran, als er vorletztes Jahr sein Nummer-eins-Album hatte. Wir haben sehr offensiv versucht, ihn als Gast zu gewinnen. Leider klappte es damals nicht. Ich habe noch eine sehr lustige SMS von ihm, in der er schreibt: Er sei doch der erste Vorsitzende des »Dittsch-Meister«-Fanclubs, jetzt gerade passe es leider nicht, aber hoffentlich bald, ein anderes Mal. Vielleicht ergibt sich das wirklich irgendwann, das wäre toll. Denn Udo ist eine echte Legende und echte Hamburgensie. Ansonsten: keine Angst vor großen Namen! An Woody Allen waren wir dran, als er in Hamburg war. Hier half ein Mitarbeiter vom Konzertbüro Karsten Jahnke, der ihn persönlich fragte. An Paul McCartney waren wir ebenfalls dran, als er hier ein Konzert hatte. Bei ihm gab es auf offiziellem Wege natürlich überhaupt keine Chance. Aber ich kenne Astrid Kirchherr, Fotografin und Freundin der Beatles seit deren frühen Hamburger »Star Club«-Tagen. Sie mag »Dittsche« auch sehr, also rief ich sie an und fragte ganz frech, ob sie ihn nicht einfach ganz direkt und persönlich fragen könnte. Ob er nach seinem Konzert auf dem Weg zum Privatflieger nicht am Imbiss haltmachen, »einmal Bockwurstschen« bestellen und wieder verschwinden könnte. Vielleicht etwas naiv meine Vorstellung, aber sie fand die Idee durchaus sehr lustig. Und versprach mir, sobald er anruft, ihn einfach zu fragen. Schnell und spontan geht manchmal mehr, als man denkt. Aber Sir Paul meldete sich erst kurz vor Konzertbeginn bei ihr, und da war es für diese Schnapsidee eh zu spät.

**Wie wäre es mit einem prominenten Politiker?**
Gerhard Schröder haben wir einige Male angefragt, als er noch Bundeskanzler war. Der Mann war ja zu dieser Zeit auch schon einmal bei »Wetten dass …?«, das hat immerhin eine gewisse Offenheit vermuten lassen. Auf unsere Anfrage wurde auch prompt geantwortet: Grundsätzlich macht der Herr Bundeskanzler das gern, wenn es mal passt. Er kenne die Sendung auch und finde sie witzig … Na ja. Gekommen ist er dann natürlich nie. Trotz mehrmaligem Nachhaken. Ich denke, ein Politiker von so hohem Rang riskiert nichts an der falschen Stelle. Vor allem wenn es um unnötig schlechte Presse ginge, wenn die Tagesaktualität die Großwetterlage bestimmt. So nach dem Motto: »Schreckliches passiert, und der Kanzler geht in eine Witzeschau!« »Dittsche« könnte ihn ja mal auf Hartz 4 ansprechen oder irgendeine andere dumme Frage zur Wirtschaftskrise stellen. In einer Weise, wie sie Politjournalisten nicht stellen. Inklusive Nachfrage, wenn er dem Politikerjargon nicht folgen kann. Und das auch noch live aus einem jämmerlichen kleinen Imbiss. Vielleicht wäre das auch dünneres Eis, als man so denkt. Wirtschaftsgrößen – noch dazu von DAX-notierten Unternehmen – siehst Du auch höchst selten in einer Live-Talkshow. Da kann ein kleiner, unbedachter Scherz, eine Geste oder eine unvorteilhafte Pose im vermeintlichen

Off möglicherweise viel Ärger nach sich ziehen. Vielleicht ist es auch deshalb utopisch, einen solchen Gast mal zu bekommen. Aber eine Führungsperson unseres Landes im Imbiss wäre schon toll. Um mit Plasberg zu sprechen: »wenn Politik auf Wirklichkeit trifft«. Auch Angela Merkel wäre großartig. Sensationell! Stell Dir mal vor, die Tür geht auf und die Kanzlerin kommt rein. Phantastisch! Phantastisch! Sie müsste gar nichts machen. Nur da stehen und Merkel sein. In unserem Imbiss! Vielleicht nur lächeln. Am besten in der letzten Sendung vor Weihnachten. Und aus einem Sack Geschenke verteilen. Eine Tüte mit Marzipankartoffeln für jeden vielleicht. Das wäre wirklich eine enorm große Geste, wie man sie sich von der Chefin des Landes nur wünschen kann.

**Wurde die Bundeskanzlerin von »Dittsche« auch schon angefragt?**
Nein. Es wäre genauso ausgegangen wie bei Gerhard Schröder. Wahrscheinlich hätten wir sogar direkt eine Absage bekommen. Sie hält sich ja im Gegensatz zu anderen Politikern sowieso sehr zurück, auch was politische Talkshows angeht. Aber wir Deutschen sind da auch grundsätzlich anders eingestellt, denke ich, als etwa die Amerikaner. Allein die Wahlkampfveranstaltungen. Politik machen in den USA ist großes Entertainment. Barack Obama sitzt bei Jay Leno. Bill Clinton war, glaube ich, drei Mal bei Larry King in der Sendung. Angela Merkel bei »Dittsche?« Hahahaha, das wäre 'ne Meldung!

**Wer wäre noch interessant?**
Guido Westerwelle haben wir auch mal angefragt, da gab es tagespolitisch immer wieder schöne Anlässe.

**Bei Guido Westerwelle fragt man sich sofort, ähnlich wie bei Angela Merkel: Ist der denn lustig genug?**

Der ist überhaupt nicht lustig. Aber das muss er ja auch nicht sein. Der sollte bloß keine Show abziehen, obwohl er das ja recht gut kann. Komisch wäre schon allein, dass er überhaupt auftaucht in unserer schrottigen Bude. Am besten, wenn wir zuvor beispielsweise noch einmal die Spätfolgen der Abwrackpramie zum Thema hätten und »Dittsche« ihn fragt, wo eigentlich das »Guidomobil« abgeblieben ist. Ob er dafür ein paar Taler eingestrichen hat oder damit noch morgens zum Reichstag fährt. Und ob er auch artig für einen Satz Winterreifen gesorgt hat, jetzt, wo man Bußgeld zahlen muss, wenn man ohne bei Schnee und Eis in die Verkehrskontrolle gerät. Bei solchen Fragen wäre ich auf eine spontane Antwort unseres Außenministers durchaus gespannt.

**Das heißt, man muss nicht lustig sein, um in der Sendung aufzutauchen? Voraussetzung ist vielmehr, dass Du denjenigen interessant findest als Gast und er wiederum Interesse hat, mitzumachen.**

Die Gäste sollten immer authentisch sein, keine aufgesetzte Rolle spielen. Das kann natürlich durchaus trotzdem sehr spaßig werden, aber nicht indem sie Gags vorbereiten oder krampfhaft lustig sein wollen. »Dittsche« ist ja keine Comedy-Sketch-Show im herkömmlichen Sinne. Jan Delay zum Beispiel war ein Spitzengast. Jeder nimmt ihm ab, dass er ein pfiffiger und bodenständiger Typ ist. Ein großer Künstler, sehr populär, aber trotzdem mit beiden Beinen am Boden. Also geht er in seinem Kiez ein Bier trinken, bei »Dittsche« in den Imbiss. Mehr noch: Er ist ein alter Kumpel von Ingo. Absolut glaubwürdig. Und hilft nach einem Schwelbrand bei der Renovierung. Sitzt im Hinterzimmer und repariert eine alte Mikrowelle. Ab und zu ist er in einer Kameraeinstellung zu sehen, und »Dittsche« kann ihn dort mal besuchen und spontan einbauen in die Geschehnisse. Das war wirklich gelungen mit Jan Delay, er hat den »Dittsche«-Kommunikationscode sofort kapiert, locker und unaufgeregt mitgespielt. Ganz groß. Jan war übrigens erst der zweite Gast, der die ganzen 30 Minuten in der Sendung war. Das andere Mal, schon Jahre her, war es Uwe Seeler, der auf »Schildkrötes« Barhocker saß. Tags zuvor hatte der HSV ausgerechnet gegen Werder Bremen zu Hause verloren. Das passte perfekt. Uwe saß da, trank stumm sein Bier und sagte zum Schluss »Halt die Klappe, ich hab Feierabend«. Meist kommen die prominenten Gäste aber nur für wenige Sekunden herein, ein typischer »One Dollar«-Auftritt. Der durch die Überraschung des berühmten Gastes und die Kürze seines Erscheinens besonders stark ist. Wladimir Klitschko, der nur nach dem Weg fragt, Gottschalk, der Gläser im Hinterzimmer spült und auf einem Tablett hereinträgt, maximal eine Minute im Bild. Westernhagen, der eine Tüte »wie immer« mit unbestimmtem Inhalt über den Tresen gereicht bekommt und mit den Worten »Schreib's an« wieder verschwindet. Carrell, der nur mit dem Bier in der Ecke stand und so geräuschlos ging, wie er kam. Moritz Bleibtreu, der im Tresengang am Boden saß, im Blaumann mit Werkzeugkiste, und einen Getränkeautomaten reparierte. Durch den automatischen Umschnitt der Kameras war er in dem wenige Minuten langen Auftritt nur einmal wirklich erkennbar im Bild. Großartig. Oder Günther Jauch, der gar nicht erst hereinkam; nur draußen am Fenster stand und an die Scheibe klopfte. Darauf Ingo:

»Ach, der Penner schon wieder. Der hat hier Hausverbot.«

**Gäbe es Politiker, die Du nicht in der Sendung haben wolltest?**
Ganz klar niemanden aus extremen Parteien, vor allem nicht aus der rechten Ecke. Und keine Leute, die eh ständig in den Polit-Talkshows sitzen.

**Wobei Guido Westerwelle ja nun auch als häufiger Talkshow-Gast bekannt ist.**
Aber Westerwelle ist eine ganz andere Größenordnung. Durch sein politisches Amt, aber auch durch diverse Auftritte in der Vergangenheit, die eher in Richtung »Politikerdarstellerei« gingen. So jemand ist für die Person »Dittsche« von größtem Interesse. Das ist ja seine Welt, wenn ein Politiker zum Beispiel das prozentuale Wahlziel seiner Partei auf die Schuhsohle pinselt und damit in eine Talkshow geht. Oder all die Auftritte mit und um das Guidomobil herum. Wie Batman im Batmobil. Das ist »Dittsches« Welt, solche Ideen könnten auch von ihm stammen. Keine Überraschung, dass in den Wikileaks-Enthüllungen über Westerwelle gesagt wurde: »No Genscher«.

**Und du meinst, nach solchen Worten würde er tatsächlich noch zusagen, in die Sendung zu kommen?**
Ach, wenn er Humor hat, schon – und ein bisschen Sportsgeist.

**In den Jahren 2008 und 2009 hast Du für Media Markt Werbung gemacht. Hast Du Dich dazu schnell entschlossen?**

Doch, relativ schnell. Und der ganze kommerzielle Über-
bau spielte dabei überhaupt keine Rolle. Erstaunlich, dass
man sich trotzdem immer sofort einer besonderen Kritik
aussetzt, wenn es um Werbung geht. Ich musste mich in
einem Interview ernsthaft fragen lassen, warum ich jetzt
»so was« mache. Und ob mir das Fernsehen keine Plattform mehr für meine Arbeit böte. Lächerlich.

Die entscheidende Frage ist doch: Ist die Idee gut? Passt
es zu mir? Wird die Umsetzung meinen Qualitätsvorstel-
lungen gerecht? Und wenn dann jemand gute Arbeit und
gute Ideen verlangt und dazu Geld hat, soll er es anschließend auch gut honorieren. An anderer Stelle mache ich
auch Dinge umsonst, wenn ich in gleicher Weise von ihnen
überzeugt bin. Wie zum Beispiel die große Plakat-Werbe-
aktion für das Obdachlosenmagazin »Hinz & Kunzt« oder
zahlreiche Benefizkonzerte, die wir in den letzten Jahren
mit »Texas Lightning« absolviert haben. Außerdem unter-
stütze ich schon seit Langem die Hamburger Obdachlosen-
Einrichtung »CAFÉE mit Herz«; zum Beispiel mit Auf-
trittsgagen die ich 1:1 spende. Übers Jahr kommen auch
immer zahlreiche Benefizveranstaltungen und Versteige-
rungen dazu, bei denen man mitspielt, -quizzt, -malt, -bas-
telt oder Fußball spielt und deren Erlöse guten Zwecken
zufließen. Geldverdienen um des »Mehr-Haben-Willens«
ist für mich völlig uninteressant. Im Fall der Media-Markt-
Werbung lag der Reiz darin, etwas Besonderes drehen zu
können, etwas, das ich immer schon mal in der Form
machen wollte: Figuren in kurzen, knackigen Sequenzen,
in nur 20, 30 Sekunden überzeugend agieren zu lassen.
Sehr spannendes Neuland! Wir haben mit einer internationalen Crew gedreht, auf 35-Millimeter-Film, unter den
professionellsten Bedingungen, die man sich vorstellen

kann. Die Filme sind toll geschnitten. Feines Konzept, feiner Humor. Von der Agentur KemperTrautmann und der Media-Markt-Führung ist mir ein Respekt entgegengebracht worden, den ich in über 30 Jahren Showgeschäft sehr, sehr selten erlebt habe. Und am Ende war es ein großer Erfolg. Für alle Beteiligten. Ich bin wirklich stolz auf die Spots.

**Hat Dein Vater Dir mit all seiner Berufserfahrung eigentlich Tipps mit auf den Weg gegeben im Umgang mit Häme, Kritik, Verrissen-Werden oder auch ganz grundsätzlich mit Journalisten?**
Irgendwann hat er mir mal gesagt: Hauptsache, Dein Name ist richtig geschrieben.

**Sehr schön.**
Absolut.

**Gibt es in Deinem Leben Vorbilder?**
Helmut Schmidt hat mal in einer Talkshow auf die Frage nach Vorbildern in seinem Leben etwas gesagt, das gut passt: Dass es immer dem eigenen Wissens- und Entwicklungsstand entsprechend wechselnde Vorbilder gibt. Von der Kindheit an bis ins hohe Erwachsenenalter. In der Jugend haben Vorbilder sicher einen anderen prägenden Wert, weil man sich Stärken sucht, an denen man wächst. Je mehr sich die eigene – in meinem Fall – künstlerische Identität herausbildet, desto mehr werden Vorbilder eher zu Mitstreitern, wenn man mal welchen begegnen sollte. McCartney hat Chuck Berry verehrt und Lonnie Donegan und anfangs versucht, zu singen und zu spielen wie sie. Da hat er sich eine Menge abgeguckt. So war es bei mir zeit-

weise auch. Ich habe Uwe Seeler verehrt, als ich Fußballer werden wollte. Ich habe Freddy Quinn, später Udo Jürgens verehrt, als ich Sänger werden wollte. Also habe ich sie nachgeäfft und mich dann teilweise so gefühlt wie sie. Uwe auf dem Platz, Udo mit Schukostecker als Mikro in der Hand, lippensynchron zur Live-Platte. Ich denke, so fängt jeder an. Jeder Künstler, der noch in den Kinderschuhen steckt, erkennt sich zeitweise über die Kunst anderer und folgt ihr, indem er sie imitiert. Und je mehr man seinen eigenen Stil prägt und darin sicher wird, desto mehr verlässt man die Vorbilder wieder, denke ich.

**Letzte Frage: Bist Du Realist oder Romantiker?**
Ganz sicher bin ich primär ein Romantiker. Ich schwärme für mein Leben gern. Für die Schönheit, die Liebe, für die Frauen, die Kunst, die Musik, die Lust und die Leidenschaft. Aber die Realität hat mich auch schon sehr geprägt, vor allem in den desillusionierenden 80er-Jahren. Da habe ich mich teilweise furchtbar verzettelt und in ausweglose Situationen manövriert. Das Ordnen-Lernen wurde zum echten Überlebensprogramm. Der Schlüssel zum Gelingen liegt aber in der richtigen Balance von Ordnung und Chaos. Denn Regeln müssen zwar sein, und Kontinuität muss auch bewiesen werden. Aber wirkliches Glück empfinde ich eigentlich nur dann, wenn ich den Mut habe, loszulassen. Dann gehen die Gedanken auf eine Reise. Wunderbar.

# Uwe

13. Februar 1965. 17 Uhr 17. Volksparkstadion Hamburg. Wie in Zeitlupe schleicht meine Mannschaft mit leerem Blick und Butter in den Beinen nach 90 Minuten vom Platz. Im weiten Rund gespenstische Stille. Versteinerte Gesichter, Tränen der Ohnmacht, Fassungslosigkeit. Der eisige Wind fegt über den gefrorenen Rasen, verteilt die heruntergeworfenen Sitzkissen wie Spielkarten eines Verlierer-Blattes auf der Tartanbahn. Der Stadionsprecher verliest monoton, aber mit zitternder Stimme die Endstände der restlichen Bundesligapartien. Nur mit Mühe und letzter Kraft kommen die Zahlen bleischwer über seine Lippen, in seinen leblosen Worten schwingt tiefe Trauer.

Hamburg, die Weltstadt, wurde soeben von einer Katastrophe heimgesucht: Heimniederlage mit 0:4 Toren (in Worten: null zu vier). Und das auch noch gegen Werder Bremen. Ausgerechnet Werder. Und ausgerechnet an einem solchen Tag. An *seinem* Tag.

Denn Uwe Seeler, der beste deutsche Mittelstürmer aller Zeiten, wollte sein 500. Ligaspiel feiern. Mit uns vor 55 000 Zuschauern ein Fußballfest erleben, vielleicht zwei, drei Kopfballtore machen, für die Galerie noch eins per Fallrückzieher in der 87. Minute nachlegen und zeigen, dass der beste Fußball aus Hamburg kommt.

Doch daraus wurde nun nichts. Stille in der Kabine. Ratlosigkeit. Verzweiflung. Es musste etwas geschehen.

Das Training in der folgenden Woche verlief routiniert, man wusste, was auf dem Spiel steht. Ein Auswärtssieg musste her, gegen die Eintracht aus Frankfurt. Klare Sache. Scharte auswetzen. Motiviert und entschlossen fuhren wir an den Main, um zu gewinnen.

Doch es kam alles noch viel schlimmer.

Ich werde nie diesen knüppelharten, zugeschneiten Acker im Waldstadion vergessen und das plötzliche, merkwürdig unpassende Geräusch, das wie ein Peitschenschlag unseren Angriff auf das Frankfurter Tor beendete. Da lag er. Und neben ihm sein Fuß. Uwes Achillessehne war durch. Das war das Ende. Für Hamburg, für den HSV und lange Zeit auch für ihn. Und wie sie den Mann mit der Nummer Neun dann auf der Bahre raustrugen, diesen Soldaten des Flutlichtlederballs, da wussten alle: Jetzt kann nur noch ein Wunder helfen.

Und dieses Wunder geschah.

Als ob der Fußballgott Regie führte, schob Trainer Georg Gawliczek wie in Trance einen jungenhaften, schmächtigen, blonden Mann an den Spielfeldrand. Niemand kannte ihn. Aus der Reserve. Noch nie in einer Bundesligapartie dabei gewesen.

Während Uwes Transport vom Rasen in die Katakomben hatte er sich warmmachen müssen, eilig und unbemerkt

*Uwe Seeler bei »Dittsche«, 2005*

seinen Trainingsanzug abgelegt und an der Außenlinie artig Aufstellung genommen. Jetzt war er im Spiel. Für Uwe. Sein großes Idol. Und was dann geschah, war so unfassbar, das hatte selbst der routinierte Radioreporter des NDR noch nicht erlebt:

Hören wir doch einmal in die Original-Rundfunkreportage rein:

»Einwurf Giesemann auf Kurbjuhn, Kurbjuhn ruhig, fast zu lässig, Rückpass auf Schulz, Schulz mit Übersicht, leichter Trab Richtung Mittellinie, stoppt den Ball, überlegt, Querpass auf Kurth, Kurth rutscht aus, rappelt sich aber, schlenzt im Fallen das Leder auf die linke Seite, da wartet Kurbjuhn, was will der denn da, na ja was soll's, der HSV weiter in Ballbesitz, leichtes Dribbling außen vorbei, noch mal gutgegangen, aber trotzdem, diese Fummelei sollte Kurbjuhn lassen, ja und als ob er meine Worte gehört hätte, gibt er ab, raffiniert geschoben auf Giesemann, Giesemann halbhoch mit viel Glück nach links, 20 Meter-Pass auf Charly Dörfel, ja und der überlegt nicht lange, Charly renn renn renn, mach doch Junge, ja und der Charly rennt oder besser er glitscht bis an die Eckfahne … und jetzt müsste die Flanke kommen, und die Flanke kommt wie schon so oft … in die Mitte direkt vors Tor auf Uwes Kopf, doch da ist kein Uwe kein Uwe kein Uwe kein Uwe … da ist … da ist … ja wie heißt er denn, dieser neue … da ist … ja also … erster Ballkontakt in diesem Spiel … da ist … da ist … und er steigt wie ein Adler hoch dieser dünne Mann, das ist … das ist … und er nimmt den Ball volley rechts direkt, ja das gibt es doch gar nicht … hämmert ihn ins rechte obere Eck, unhaltbar, Tor Tor Tor Tor – 2:1 für den HSV … durch … durch … durch Dittrich, Dittrich, Dittrich, Dittrich.«

In diesem Moment wurde das Spiel durch eine infernalische Detonation unterbrochen. Grund: Mir war es soeben im Schlaf gelungen, mit meinem rechten Hammer – an dem ich auch nachts (zum Pyjama!) HSV-Stutzen sowie Adidas-»Uwe«-Fußballstiefel trug – das am Ende meines Bettes positionierte Regal zu zerlegen. Dreimal Latte, zweimal Pfosten sozusagen. Und das mit nur einem Schuss.

## »Dittsche« und die Vogelgrippe

(Folge 1, 1. Staffel, 9. Kalenderwoche 2004)

...

Dittsche: Bist Du sicher, dass Deine Hähnchen keine Vogel-
grippe haben?
*Ingo: Natürlich bin ich da sicher.*
   Woher weißt Du das denn?
   *Weil die doch gar nicht aus Asien kommen, Mensch.*
   Da kannst Du doch gar nicht ... das sind ja Spätfolgen. Du
hast doch gar keine Ahnung, wo die herkommen.
   *Natürlich habe ich Ahnung, wo die herkommen. Aus
Schleswig-Holstein.*
   Die sind nicht aus Schleswig-Holstein.
   *Natürlich.*
   Und wenn da mal eines bei ist ... aber das ist ja auch gar
nicht interessant. Interessant ist, dass Du einen Bürgermeis-
ter hast, der Dir hilft, wenn in deinen Hähnchen Vogelgrippe
drinnen ist.
   *Weißt Du, was der dann macht, der Bürgermeister? Der
kommt dann hierher und isst sie alle auf.*
   Das ist doch Quatsch, was Du erzählst.
   *Eben.*
   Das ist genauso wie mit Olli Kahn. Das ist ein reiner Tor-
wart-Titan. Und ich sach Dir was. Hast Du gesehen, wie er
gegen Real Madrid im Tor gestanden hat? Hast Du den Ball
biddä gesehen, den er durchgelassen hat?
   *Nein, habe ich nicht gesehen.*
   So, in der Zeitung hat gestanden: »Er ist gefallen, wie eine
schwangere alte Frau.«
   *Ja und?*
   Weißt Du, was ich Dir sach ... Olli Kahn hat Vogelgrippe. Das

sach ich Dir. Weil das nämlich eine ganz seltene Sache ist, die keiner sieht. Die kann man nicht einfach auf Anhieb sehen – genauso wenig, wie Du bei Deinen Hähnchen sehen kannst, ob da Vogelgrippe drinnen ist, und Dich freust, wenn Du einen Bürgermeister gewählt hast, der nicht nur sagt: »Ich kümmere mich nur um die Menschen in der Stadt, sondern ich kümmere mich auch um die Tiere.« Und genauso Olli Kahn. Das ist ein reiner Torwart-Titan, und er ist gefallen wie eine schwangere, alte Frau. Das stand in der »Bild«-Zeitung drinnen ...

*Weil er die Vogelgrippe hat?!*

Ja. Weil eine schwangere alte Frau ist ja auch was Seltenes. Das ist was Seltenes. Meistens sind die schwangeren Frauen jung.

*Das gibt es gar nicht, eigentlich.*

Das stand aber in der Zeitung drinnen.

*Ja, da steht viel drinnen.*

Ich habe mir mal überlegt, Olli Kahn jetzt, das ist ein reiner Torwart-Titan ...

*Das weiß ich jetzt, glaube ich.*

Und er ist umgefallen ... hast Du mal gesehen, wie er umgefallen ist, überhaupt als der Ball kam von Roberto Carlos; vor seinem geistigen Auge ist es wieder erwacht, was er vor zwei Jahren bei der Fußballweltmeisterschaft gegen Brasilien in Südkorea erlebt hat. Da war er nämlich schon in Asien und hat die Vogelgrippe nämlich bekommen.

*Ach, so.*

Und die Zeit, er ist ja praktisch, er ist sozusagen ...

*Du hast das ja richtig, wie so'n Detektiv hast Du das herausgekriegt.*

Er ist ein Langzeitüberlebender.

*Ja ...*

Weil er ein Torwart-Titan ist. Olli Kahn ist kein normaler Mensch.

*Ach so, deswegen kann er das so gut ab – dass er nicht gleich stirbt, meinst Du.*

Genau. So und wenn er da ... Ich hab das genau gesehen ...

*Da müsstest Du eigentlich zur »Bild«-Zeitung hingehen. Dass die Leute das mal ... ne ... müsstest Du eigentlich machen.*

Und dann?

*Dann können die das auch drucken.*

Die drucken das nicht, weil sie keine Panik verbreiten wollen.

*Die wissen das auch, meinst Du. In Wirklichkeit.*

Ja. Ingo, wenn man genau hinguckt – Vogelgrippe jetzt, ne, das ist ma' sagen. Wenn Oliver Kahn umfällt, und er fällt so auf die Seite und er hält den Ball, aber nicht wirklich richtig fest. Man hat genau gesehen, dass er sich nicht getraut hat, richtig hinzufallen, weil nämlich sonst ...

*Weil das schon wie so ein Hühnerarm ist hier an der Seite, vielleicht?*

Von der Vogelgrippe, das mag sein. Ich glaube aber, dass er so hingefallen ist, weil er Angst hat, weil er einen Glasknochen hat.

*Das auch noch?!*

Ja, er ist ein reiner Titan, von der Vogelgrippe ...

*Ein Titan mit Vogelgrippe und 'nem Glasknochen.*

Ja.

*Das ist ja ein schöner Titan.*

Er kann doch nichts dafür. Auch ein Titan schwächelt irgendwann, wenn er so 'ne Erkrankung hat. Andere Leute wären schon längst tot an der Stelle. Aber er ist ein Langzeitüberlebender. Er wird das auch überleben. Aber er schwächelt eben, weil er kriegt einen Glasknochen, er hat kein Calcium mehr. Die Vogelgrippe saugt das Calcium aus den Knochen heraus.

*Ach so geht das?*

So, und denn kann er nicht mehr sehen. Das sind alles Anzeichen von der Vogelgrippe. Habe ich genau gesehen. Die Sehschärfe lässt nach, die Konzentration lässt nach, die Reaktionsschnelligkeit lässt nach – und Du kriegst einen Glasknochen. Das ist Vogelgrippe.

*Hast Du Dir schon mal überlegt, dass Du vielleicht auch Vogelgrippe hast?*

Ich hab keine Vogelgrippe, ich war doch gar nicht in Asien drinnen. Und ich esse von Deinem ganzen Kram nämlich gar nichts.

*Überleg Dir doch mal die ganzen Symptome, überleg Dir das mal.*

Ja, es sieht so aus, aber es ist nicht so. Ich ess ja nichts von Deinen komischen Hähnchen.

*Von meinen Hähnchen kriegst Du sowieso keine Vogelgrippe.*

Weißt Du aber nicht. Du steckst nicht drinnen. Die »Bild«-Zeitung hat geschrieben, dass man das nicht weiß, wie das verbreitet wird.

*Ach, das ist doch ein Witz ist das, was Du da erzählst.*

Die »Bild«-Zeitung bringt ja die Vogelgrippe nach Deutschland. Und sorgt dafür ...

*... Ja, das glaube ich aber auch ...*

... dass wir aufmerksam werden. Und ich bin aufmerksam geworden und hab mir das genau überlegt. Es ist auch so, dass normalerweise ... die »Bild«-Zeitung hat geschrieben, Oliver Kahn – lass mich das bitte mal sagen, es ist wichtig – Olli Kahn ist ein reiner Torwart-Titan, wenn wir jetzt zur Europameisterschaft im Sommer fahren, dann brauchen wir ihn. Wir müssen ihn unterstützen. Wir müssen was finden, dass er von der Vogelgrippe nicht so geschwächt wird, dass er nicht noch mal so einen Ball durchlässt, sonst kommen wir nicht ins Endspiel. Deutschland ist immer eine Turniermannschaft gewesen. Aber mit einem Torwart-Titan mit Vogelgrippe, dann weiß man das nicht. Und die »Bild«-Zeitung hat geschrieben, dass er, jetzt, ma' sagen, drei Mal gepatzt hat und das erste Mal, wo er richtig gepatzt hat, war, wo er erfahren hat, dass seine Frau jetzt einen Neuen hat. Ingo, er hat ja immer seinen Kulturbeutel dabei. Immer der gleiche Kulturbeutel. Und in dem Kulturbeutel, deshalb, weiß ich doch nicht, da kann man ihm ein paar Sachen reintun.

*Sachen reintun?*

Ja, dass man, ma' sagen, seine Ernährung umstellt.

*Äh, ja, und was?*

Ja, die Ernährung, damit er gesund lebt und die Vogelgrippe so ein bisschen unterm Boden gehalten wird.

*Was würdest Du denn da vorschlagen?*

Das für den Beutel? Ja, ist doch klar.

*Ja, was denn?*

Er kann sich nicht mehr konzentrieren ...

*Ne, was Du da reintun möchtest?*

... und er kann nicht mehr richtig gucken und er hat Glasknochen. Also, was tut man rein? Jetzt ma' sagen: 'ne Milchschnitte. Für Calciumaufbau. Für die Knochen.

*Ja, nehmen die Klitschkos ja auch.*

Ja, die Klitschkos. Das ist ja eine ganz andere Baustelle. Die essen ja auch kein Hähnchen. So, und denn: Möhrchen.

*Möhrchen?*

Für die Augen.

...

## Putzen macht scharf

**Horst Köhler**
*Ingo: Wieso, das ist Käptn Blaubär? Siehst Du doch, hier mit der Mütze und dem ...*
Dittsche: Ich hab nicht gefragt, wer das ist, sondern wer das sein könnte. (Dittsche hält die »Bild«-Zeitung hoch, auf der ersten Seite steht die Schlagzeile: »Bundespräsidentenchaos!« Darunter sind unter anderem Kermit der Frosch, Ernie und Bert aus der »Sesamstraße« und Käptn Blaubär abgedruckt – und darunter steht: »Noch mehr Kandidaten!«)
*Wieso ist das der Bundespräsident?*
Ja. Die »Bild«-Zeitung sagt, das könnten alles Bundespräsidenten sein.
*Ja, das ist doch nur im Scherz gemeint. Das soll ...*
Das ist verkehrt, das kann man doch nicht machen ...
*Nein, das weiß doch jeder, dass das ein Scherz ist, weil das ...*
Weißt Du, warum das gar nicht geht? Auch wenn man das wollte, auch im Spaß nicht geht? Das sind alles Amerikaner.

•••

**Victoria Beckham**
Dittsche: Putzen macht scharf. Das hat eine neue Untersuchung ergeben, stand in der »Bild«-Zeitung drinnen vor ein paar Tagen. Putzen macht scharf. Und weil die Frau von David Beckham nicht putzt, ist sie nicht scharf.

•••

**Jan Ullrich**
Dittsche: Jan Ullrich, ist auch in Ordnung, er hat alles richtig gemacht, aber in dem Fall ist das ein bisschen anders. Das Fahrrad ist befallen. Gar nicht er, das Fahrrad.

*Ingo: Mit Bakterien?*

Ja. Weißt Du was für ... und zwar ganz besondere Bakterien ...

*Ja, Fahrrad-Bakterien.*

Sogenannte Motten.

*Motten?*

Mini-Motten. Das sind Kastanientierchen – und die sind in die Reifen rein, weil die Haut von diesen Reifen so dünn ist wie 'ne Menschenhaut und sie das verwechseln. Und jetzt passiert Folgendes: Sie saugen die Luft aus, um sich zu vermehren. Und jetzt gibt es überhaupt nur eine Möglichkeit, um Jan Ullrich zu retten, das ist meine Theorie ...

*Ja, den Reifen wieder aufpumpen, würde ich sagen.*

Kälteschock. Gefrierbrand.

*Gefrierbrand? Für die Bakterien?*

Sie können doch 'nen Werbevertrag machen mit Langnese. Dann fahren sie mit einem Gefrierauto hinter Jan Ullrich sein Auto her, und in der Nacht nehmen sie das Fahrrad und frieren das ein und da gehen die Bakterien von tot.

# Es war ein Leben im Konjunktiv

Heino Jaeger • Therapie • Große Liebe

*Loriot verehrt den Humoristen Heino Jaeger. Der »Spiegel«
bezeichnete ihn als »würdigen Nachfolger Karl Valentins«.
Liest Olli Dittrich heute aus Jaegers Werk, sind ganze Theater-
säle ausverkauft, so groß ist dessen Fangemeinde inzwischen.
Ein enger Freund Jaegers schrieb über ihn: »Kabarett und die
Wiedergabe der scheinheiligen Welt, die Reflexionen von Pein-
lichkeiten, das war sein Metier.« Zu Lebzeiten indes war der
1938 in Hamburg-Harburg geborene Heino Jaeger nur wenigen bekannt, für den Saarländischen Rundfunk erfand er
Radiosendungen wie »Fragen Sie Dr. Jaeger« oder »Das aktu-
elle Jaeger-Magazin«, aber trotz seines besonderen Humors
gelang ihm nie der große Durchbruch. 1997 erlitt er einen
Schlaganfall, die letzten Jahre vor seinem Tod verbrachte er,
gezeichnet vom vielen Alkohol, in einer sozialpsychiatrischen
Einrichtung in Bad Oldesloe, einer kleinen Stadt, die etwa eine
Autostunde von Hamburg entfernt inmitten von Äckern und
Pferdeweiden liegt.*

*Das »Haus Ingrid« ist ein mehrstöckiges, nüchternes Ge-
bäude. Auf dem Parkplatz vor dem Eingang stehen zwei ältere
Männer, Heimbewohner, und rauchen. Olli Dittrich steigt aus
dem Auto, betrachtet das Haus mit einem schwer zu deuten-
den Gesichtsausdruck – und behält den auch bei, als wir den
Werkraum betreten, in dem Heino Jaeger oft saß und zeichnete.*

**Ich hatte gehofft, dieser Ort würde Dich interessieren, Heino Jaeger gehört ja zu Deinen großen Vorbildern. Aber Du schaust momentan sehr skeptisch.**

Nein, nein, er ist interessant. Aber die Stimmung hier ist schon sehr speziell, das spürt man halt sofort. Dieser Ort löst auch auf der Stelle Assoziationen aus und weckt besondere Erinnerungen. Vor etwa 25 Jahren wäre ich beinahe in eine ähnliche Einrichtung gekommen. Und zwar nach einer längeren Therapiephase, als ich wegen heftiger Angstphantasien und schwerer psychosomatischer Störungen behandelt wurde. Eines Tages eröffnete mir meine Therapeutin dann, dass meine Krankenkasse die ambulante Therapie nicht weiter bezahlen wolle und die Überweisung in eine psychiatrische Einrichtung vorgeschlagen habe, nämlich nach »München-Haar«. Auf meine Nachfrage hin erklärte mir meine Therapeutin, was in »Haar«, im Klinikum München Ost, auf mich zukommen würde. Das Ganze habe etwas von Endstation, für viele Patienten gehe der Aufenthalt mit Freiheitseinschränkungen und Entmündigungen einher. Ich konnte natürlich gar nicht wirklich einschätzen, was es tatsächlich für mich bedeutet hätte; wie so etwas in der Realität dann abgelaufen wäre. Aber die Bedeutung, in der Psychatrie zu landen, dann auch noch weit von Hamburg entfernt, war mir schon klar: Last Exit. Entsetzlich. Nicht auszumalen, wäre ich dort wirklich gelandet. Diese Nachricht war zunächst ein furchtbarer Schock. Und ich kann nur sagen: Gott sei Dank ist mir das erspart geblieben. Es hätte bedeutet, sich ganz von der Welt »da draußen« zu entfernen, vielleicht zu verabschieden, wer weiß. Den Kontakt zu meiner Umwelt und dem ganz normalen Alltag mit allem Drum und Dran restlos zu verlieren. Um mich davor zu bewahren, kämpfte meine Therapeutin bei der Krankenkasse dafür, dass mir doch noch einmal ambulante Behandlungsstunden bewilligt würden. Sie hatte Erfolg, wofür ich ihr bis heute dankbar bin. Ist lange her, dass ich so intensiv an diese Phase meines Lebens gedacht habe.

*Heino Jaeger*

**Wir könnten uns auch einen anderen Heino-Jaeger-Ort in Bad Oldesloe suchen, falls Dir das lieber ist.**

Das muss nicht sein. Ist ja spannend, die besondere Atmosphäre hier – auch die Vorstellung, wie Heino Jaeger hier gelebt haben mag. Allein der kurze Weg vom Parkplatz hierher in den Werkraum war schon nicht ohne. Ein bisschen fühlt man sich wie ein Eindringling, oder? Und Du spürst halt sofort, wer hier Bewohner ist und wer zum Klinikpersonal gehört. Obwohl alle in Zivil herumlaufen, auch die Pfleger.

**Was unterscheidet die einen von den anderen?**

Diese spezielle Müdigkeit in der Körpersprache. Wie sich Arme und Beine bewegen, der Kopf. Der Blick, verschleiert und entschleunigt. Ich kenne das alles so gut. In den Hochzeiten meiner psychischen Erkrankung und Therapie in den 8oern habe ich manchmal stundenlang bewegungslos vor dem Spiegel gestanden und diese Gesten an mir begutachtet. Innen tobte der Wahnsinn, und die äußere Hülle bewegte sich wie ein nasser Sack. Ich bin natürlich sowieso durchlässig wie ein Sieb und besonders empfänglich für derlei Zeugs. Besonders wenn ich heute Menschen, die vergleichbar disponiert sind, wie ich es damals war, begegne. Mag sein, dass mich solche Signale dann ungefilterter erreichen und intensiver berühren als andere Menschen, die so etwas Gott sei Dank nicht durchmachen mussten. In gewisser Weise sind das ja vertraute, wenn auch vor fast 30 Jahren gegangene Pfade. Ich bin sicher, dass hier in der Einrichtung natürlich auch Psychopharmaka gegeben werden müssen, dauerhaft, und das sieht man den Leuten natürlich auch sofort an. Auch wenn einer da hinten in der Ecke nur stumm dasteht. Es ist diese unsichtbare Gummizelle um ihn herum, die man spürt. Ich denke, jeder, der mit Tabletten oder Alkohol experimentiert hat, um seine Geister zu besänftigen, und auch solche, die Antidepressiva über längere Zeiten kennen, wissen, von welchem Zustand ich spreche. Diese dauerhafte Abseitigkeit, dieser ständige Ausnahmezustand, der nur mit irgendwelchen Mitteln zu bändigen ist. Dass man sich ja trotzdem im normalen, alltäglich geordneten Leben zurechtfinden muss, sofern noch Kraft dafür da ist, solange man nicht auffällt. Allein dieses Täuschungsmanöver vor Deinen Mitmenschen zieht unglaublich Energie. Vor allem, wenn Du auch noch jeden Tag zur Arbeit gehst. Irgendwann, in lichten Momenten denkst Du: Es ist normal, dass ich nicht mehr normal bin. Und: Das ist also jetzt Dein Leben. Eingekesselt und einsam in einer absurden Welt voller Angstvisionen und Medikamente, die für Ruhe im Karton sorgen. Als ich die Leute gesehen habe, die am Eingang standen und rauchten, ging mir sofort die Frage durch den Kopf: Wie lange

*Olli Dittrich mit Mutter, 1957*

*Bei Opa in Offenbach mit Molly, ca. 1959*

*Einschulung in Hamburg-Schenefeld, 1962*

*Bei Oma in Mühlheim/Main: Thomas, Markus, Olli (v.l.n.r.), 1966*

*Familienausflug in Hamburg-Övelgönne, ca. 1967*

TuS Alstertal B-Jugend (Olli Dittrich 2. Reihe, 5. von rechts), ca. 1969

*Lebenskraft und*
*Gesundheit*
*durch Sauna!*

Waren Sie schon einmal in unserer Sauna?

Gelegenheit bieten unsere Bäder

~~Elisabethbad~~
Holthusenbad
Böhmestraße, Wandsbek
Billebad, Bergedorf
~~Bremerstraße, Harburg~~

## HAMBURGER WASSERWERKE
### GMBH
– Badebetriebe –

## Monatskarte
### Kinder
für alle Hallen- und Freibäder

# K

Gültig nur mit Lichtbild und entsprechender Wertmarke im Rahmen der Badeordnung.
Karte mit grüner Wertmarke gilt in den Schwimmhallen auch an Sonntagen im Winterhalbjahr und an Warmbadetagen.
Karte mit rosa Wertmarke gilt in den Schwimmhallen nicht an Sonntagen und an Warmbadetagen.

Raum für Wertmarken

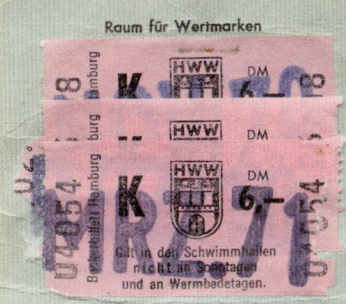

Name *Oliver Dittrich*

Anschrift *2 Hmb. 62 Am Ohlmoorgraben 8*

Unterschrift des Badegastes *Oliver Dittrich*

Beckerbillett Hamburg

*Schwimmausweis, 1970*

*Mit Markus in Imperia, ca. 1971*

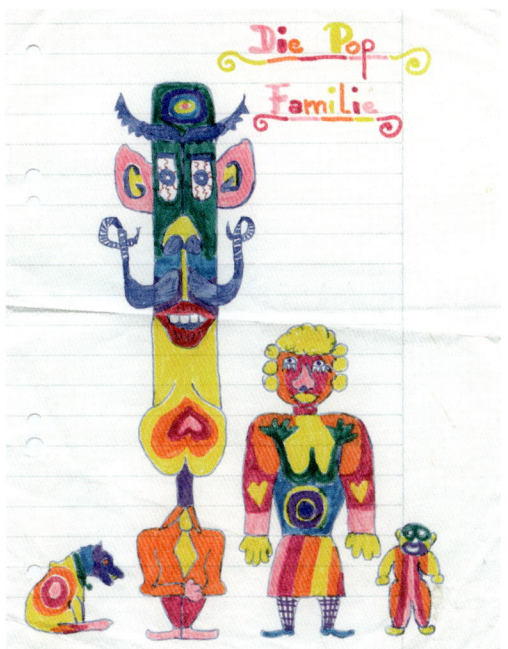

*Filzstiftzeichnung, ca. 1971*

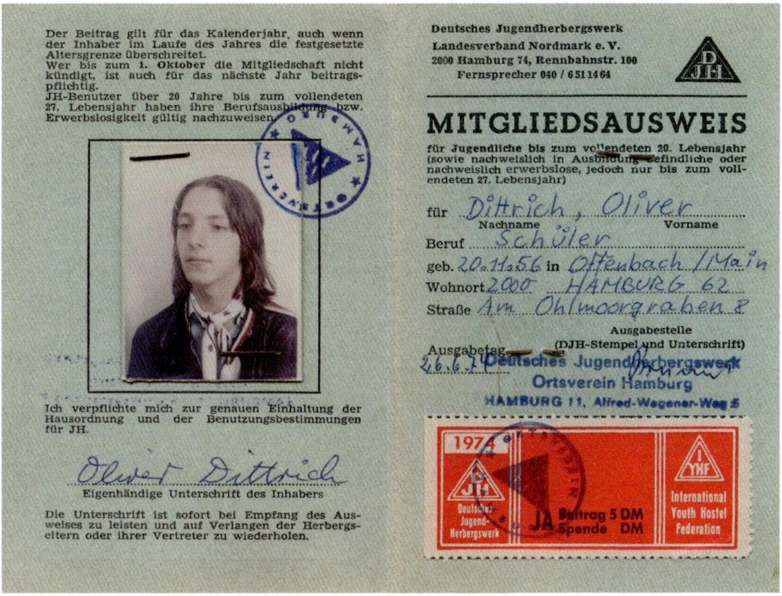

Der Beitrag gilt für das Kalenderjahr, auch wenn der Inhaber im Laufe des Jahres die festgesetzte Altersgrenze überschreitet.
Wer bis zum **1. Oktober** die Mitgliedschaft nicht kündigt, ist auch für das nächste Jahr beitragspflichtig.
JH-Benutzer über 20 Jahre bis zum vollendeten 27. Lebensjahr haben ihre Berufsausbildung bzw. Erwerbslosigkeit gültig nachzuweisen.

Ich verpflichte mich zur genauen Einhaltung der Hausordnung und der Benutzungsbestimmungen für JH.

Oliver Dittrich
Eigenhändige Unterschrift des Inhabers

Die Unterschrift ist sofort bei Empfang des Ausweises zu leisten und auf Verlangen der Herbergseltern oder ihrer Vertreter zu wiederholen.

Deutsches Jugendherbergswerk
Landesverband Nordmark e. V.
2000 Hamburg 74, Rennbahnstr. 100
Fernsprecher 040 / 6511464

DJH

**MITGLIEDSAUSWEIS**

für Jugendliche bis zum vollendeten 20. Lebensjahr (sowie nachweislich in Ausbildung befindliche oder nachweislich erwerbslose, jedoch nur bis zum vollendeten 27. Lebensjahr)

für Dittrich, Oliver
Nachname Vorname
Beruf Schüler
geb. 20.11.56 in Offenbach / Main
Wohnort 2000 HAMBURG 62
Straße Am Ohlmoorgraben 8

Ausgabetag 26.6.74
Ausgabestelle (DJH-Stempel und Unterschrift)
Deutsches Jugendherbergswerk
Ortsverein Hamburg
HAMBURG 11, Alfred-Wegener-Weg 5

1974
DJH Deutsches Jugend-Herbergswerk
JA Beitrag 5 DM Spende DM
IYHF International Youth Hostel Federation

*Jugendherbergsausweis, 1974*

*Pubertät in Langenhorn, ca. 1974*

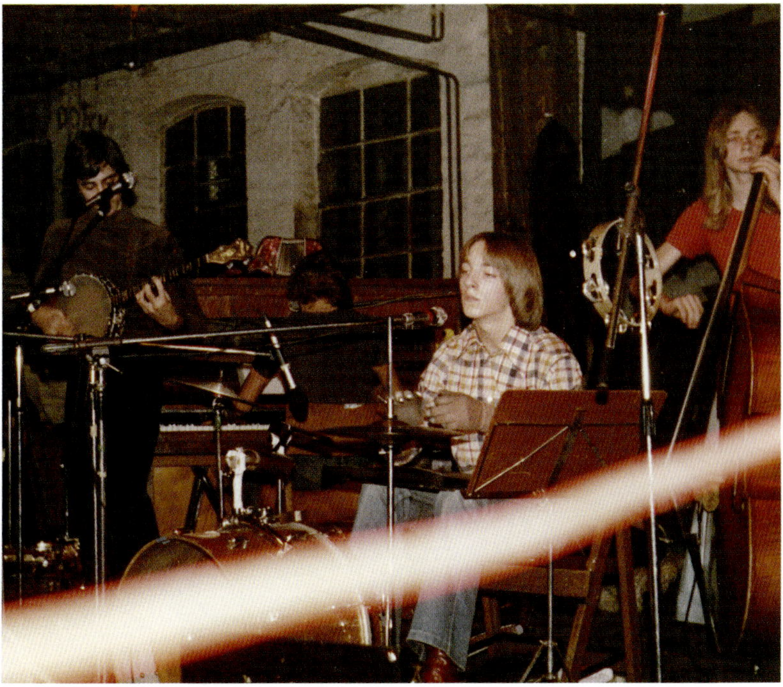

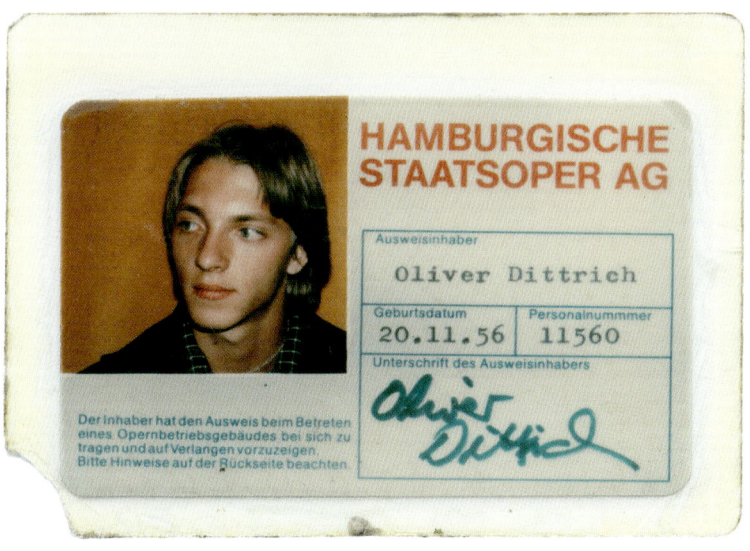

*Abbey Tavern Skiffle Company, Fabrik Hamburg, 1974*

HAMBURGISCHE
STAATSOPER AG
Ausweisinhaber
Oliver Dittrich
Geburtsdatum
20.11.56
Personalnummmer
11560
Unterschrift des Ausweisinhabers
Oliver Dittrich
Der Inhaber hat den Ausweis beim Betreten eines Opernbetriebsgebäudes bei sich zu tragen und auf Verlangen vorzuzeigen. Bitte Hinweise auf der Rückseite beachten.

*Dienstausweis der Hamburgischen Staatsoper, 1975*

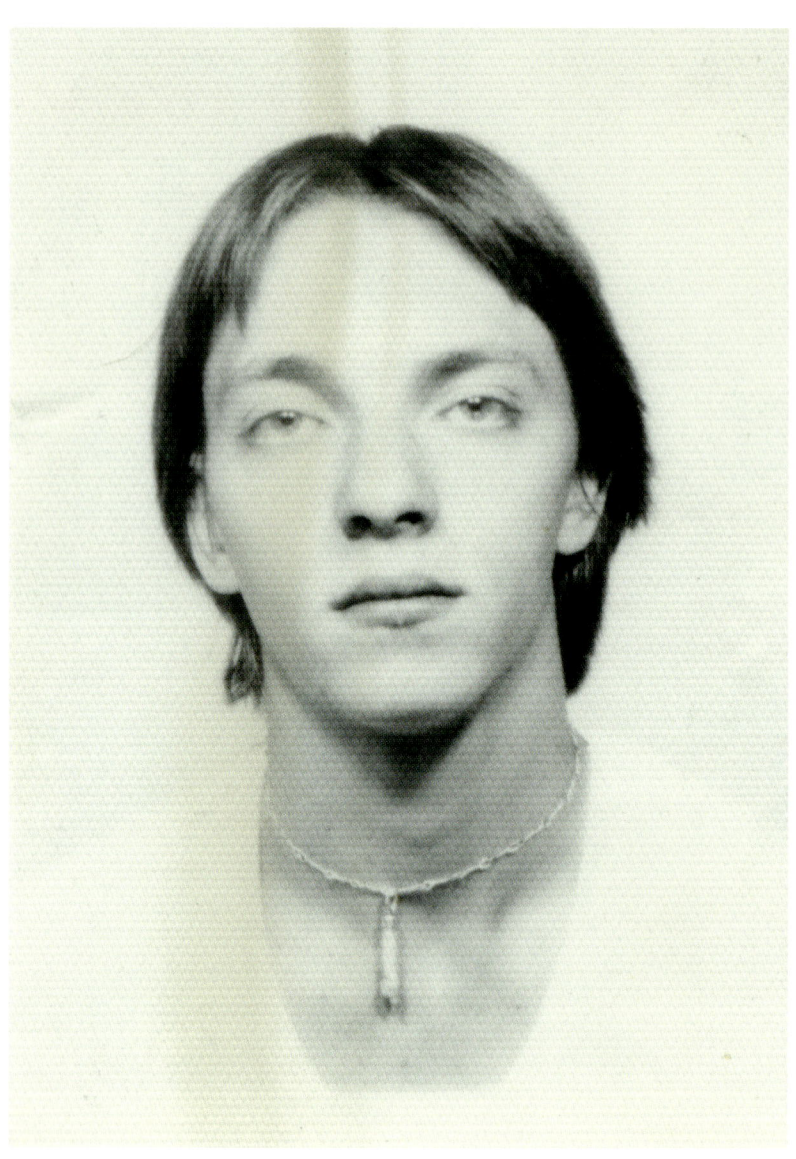

*Passbild, ca. 1976*

**Karsten Jahnke Konzert-direktion**

2 Hamburg 13
Hallerstraße 72
Telefon: 4 10 46 42/4 10 49 44

## V e r e i n b a r u n g

Zwischen:      ABBEY TAVERN (Skiffle, Jazz & Rock)
Vertreten durch: Oliver Dittrich
Nachstehend Band genannt

und: KARSTEN JAHNKE - KONZERTDIREKTION - Hallerstr. 72, 2 Hamburg 13
nachstehend Veranstalter genannt,

wird auf Grund der telefonischen Vereinbarung folgender Vertrag abgeschlossen:

1. Der Veranstalter verpflichtet die Band mit insgesamt          Personen

   a) am 1. Mai 1976 für die RIVERBOAT-SHUFFLE
      auf dem Dampfer:
      Die Spielzeit beträgt:                   Minuten
      Die Band spielt von          Uhr   bis          Uhr
                      von          Uhr   bis          ·Uhr
                      von          Uhr   bis          Uhr
      Die Band muß spätestens um 17 Uhr auf den St. Pauli Landungsbrücken,
      Brücke 5/6 sein. Die Abfahrt erfolgt pünktlich um 18 Uhr.

   b) am 9. Mai 1976 für die STREET PARADE und das OPEN AIR CONCERT
      auf dem Victoria-Sportplatz, Lokstedter Steindamm

      Die Spielzeit beträgt                    Minuten
      Die Band spielt von          Uhr   bis          Uhr.
      Die Band muß spätestens um 14 Uhr auf dem Victoria-Sportplatz sein.

   c) am 7. Mai 1976 für den JAZZBAND-BALL im Winterhuder Fährhaus
      Die Spielzeit beträgt          120   Minuten
      Die Band spielt von   21.oo Uhr  bis  22.oo Uhr im:  Taverne
                      von   23.oo Uhr  bis  24.oo Uhr im:  Taverne
                      von          Uhr  bis          Uhr im:

2. Der Veranstalter zahlt der Band für die Mitwirkung Spesen bzw. Honorar
   in Höhe von                DM für a)

   inklusive zur Verfügung-  DM für b)
   stellung d. Anlage 650,- DM für c)   (Sechshundertfünfzig)

   Die Band verpflichtet sich, das Honorar selbst zu versteuern.

3. Die angegebene Spielzeit ist aus organisatorischen Gründen genau einzuhalten
   (einschließlich eventueller Zugaben!).

4. Diese Vereinbarung ist unverzüglich unterschrieben an den Veranstalter
   zurückzuschicken.

Einverstanden Band:                      Einverstanden Veranstalter:

HAMBURG, den 17. 4 . 1976              Hamburg, den 14. April 1976

*Auftrittsvereinbarung Karsten Jahnke Konzertdirektion,*
*Abbey Tavern, 1976*

*Erste Single, 1977*

*Tone Band Livetour: Linda Anson, Mickie Stickdorn, Adrian Askew,*
*Olli Dittrich, Ferdl Weissig, Mike Starrs (v.l.n.r.), 1982*

*In Boston (Lincolnshire), 1983*

*In Imperia mit Minipli, 1983*

*Polydor-Promotion-Kick mit Deep Purple:*
*Olli, Ritchie Blackmore, Roger Glover (v.l.n.r.), 1984*

*TIM, 1989*

*Mit Susis Schlagersextett:*
*Martin Wichmann, Christian Kieviet, Olli Dittrich, Knut Hartmann,*
*Susi Frese, Michael Prott, Ralf Hartmann (v.l.n.r.), 1991*

*Mit Esther Schweins bei einem Großdisco-Auftritt in Radebeul,*
*RTL Samstag Nacht, 1995*

*Zeichnung von Olli Dittrich, 1991*

*RTL Samstag Nacht: Esther Schweins, Wigald Boning, Stefan Jürgens,*
*Olli Dittrich, Mirco Nontschew, Tanja Schumann (v.l.n.r.), 1994*

*In Radebeul mit Wigald Boning, im Hintergrund Thommy Krappweis, 1995*

*Texas Lightning, Live-Konzert, 2008*

*Nils Tuxen, Markus Schmidt, Jane Comerford, Jon Flemming Olsen,*
*Olli Dittrich, Uwe Frenzel (v.l.n.r.)*

*Am Set von »Blind Date 6«, Dittrich & Engelke, 2006*

haben sie wohl ein bürgerliches Leben geführt? Wo, wann und wie sind sie falsch abgebogen? Was hat sie aus dem Leben gekegelt, dass sie in eine solche Einrichtung gekommen sind? Wobei das sicherlich auch ein Glück sein kann, hier gut aufgehoben und beschützt zu sein, auch vor sich selbst vielleicht, je nachdem. – Hier wirkt die Atmosphäre jedenfalls absolut menschenfreundlich.

**Ich hoffe, das ist jetzt nicht zu persönlich: Aber wie sah die Welt aus, in der Du Dich bewegtest? Wie hast Du diesen Ausnahmezustand erlebt, von dem Du gerade gesprochen hast?**
Für mich war Angst in fast jeder Form das große Thema. Ängste waren alles, was mich damals noch beschäftigte, besser gesagt, dominierte. Eine ungeheuer komplizierte, zehrende Zeit, fast verhängnisvolle Zeit. Sie begann 1983.

**Du warst damals 27 Jahre alt …**
… und ich kannte zwar schon gelegentlich sonderbare Momente. Anflüge von merkwürdigen Eindrücken, eher skurrile Stimmungen zu dem, was gerade geschieht. Auch als Kind kannte ich das schon, manchmal gepaart mit diffuser Angst. Aber das waren immer nur Phasen, die Symptome und fixen Ideen veränderten sich mit den Jahren. Eine Zeit lang konnte ich zum Beispiel keine tickende Uhr ertragen. Sie taktete meine Atmung und rief Bilder hervor, in denen alles Mögliche plötzlich einem Rhythmus gehorchen musste. Das Heben von Armen und Beinen, jede Kopfbewegung. Aber wie gesagt: So was kam und ging und passte sich irgendwie auch dem Älterwerden an. Diese Zeit, Anfang der 8oer-Jahre, hatte eine ganz andere Qualität. Es kam schleichend, auf Umwegen, erst nur kör-

perlich. Ich weiß noch ganz genau, wie es begann: Ich saß im Linienbus von der Bernadottesstraße in Ottensen und fuhr Richtung Altonaer Bahnhof. Im Unterbauch bekam ich plötzlich Krämpfe. Blähungen, würde ein normaler Mensch denken. Und fertig. Aber ich wertete diese Beschwerden sofort als Anzeichen einer unheilbaren Erkrankung. Tagelang grübelte ich darüber nach, horchte ständig in mich hinein. Und die Beschwerden blieben natürlich. In den folgenden Wochen und Monaten schaukelte sich das Szenario immer weiter hoch; Angstphasen und Ausdeutungen einer Darmkrebserkrankung wurden komplexer, was die psychosomatischen Beschwerden weiter ankurbelte. Mehr Krämpfe, mehr Gedanken daran. Mehr Gedanken daran, umso größer wurden die Beschwerden. Ein Teufelskreis, ein fatales Karussell, das immer mehr Fahrt aufnahm. Dann irgendwann Phasen, in denen mich Angst, auch vor banalen, alltäglichen Dingen, einfach überfiel. Am Arbeitsplatz, zu Hause, im Bus, auf der Straße, im Kaufhaus. Längst war der ganze lähmende Zirkus eine Art Dauerzustand, mein Lebensinhalt.

**Du hattest keine Energie mehr?**
Ich hatte im Gegenteil sehr viel Energie. Fehlgeleitete Energie, wie es meine damalige Therapeutin ausdrückte. »Sie brauchen diese Angst«, sagte sie einmal. Bis ich das, worunter ich wirklich gelitten hatte, anfangen konnte zu ändern. Dann baute sich der Wahnsinn langsam wieder ab. Aber es war ein langer Weg bis dahin, denn diesen Dämon habe ich ganz schön lange am Leben gehalten. Hätte auch schiefgehen können, wie gesagt, spätestens wenn ich nach Haar gekommen wäre. Ich weiß nicht, wie viele Internisten-Praxen ich unabhängig voneinander

*Beim Importservice der Polydor als Packhilfe, 1979*

*Polydor National Product Manager, 1983*

aufgesucht habe in dieser Zeit. Und jedes Mal die gleiche beängstigend und überzeugend vorgetragene Krankheitsgeschichte meiner Darmbeschwerden, die gleichen Untersuchungen, der gleiche absurde Kick beim Erwarten der Diagnose und der Untersuchungsergebnisse. Irgendwann rutschte dieses ganze Prozedere noch auf eine andere Ebene. Ich glaubte keinem Arzt mehr, denn keiner der Ärzte fand natürlich etwas. Klar, man log mich an. Niemand wollte die bittere Wahrheit, ich hätte nur noch drei Monate zu leben, aussprechen. Eine absurde Verschwörungstheorie wechselte sich mit der nächsten ab. Alles war doch so glaubwürdig, so echt, so lebendig in mir. Vielleicht ist es die gleiche Begabung, oder besser: Veranlagung, die mir heute hilft, Figuren zu spielen, andere Charaktere in mir wachzurütteln. Ich übe ja nichts vor dem Spiegel, ich muss eigentlich nur dran denken. Dann sind sie da, die anderen Geister. Nur damals eben auf der dunklen Seite der Macht. Ich war in den frühen 80ern weder in meinem Beruf, am Schreibtisch der Polydor, glücklich noch in meiner damaligen Beziehung, war aber völlig unfähig und überfordert, meine Geschicke sinnvoll zu lenken und beides zu verändern. Kein Mut, keine Überzeugung, keine Haltung. Dann lieber aushalten. Immer weitermachen, sagt der Soldat.

Und meine damalige Freundin musste alles aushalten und ausbaden. Ich schäme mich heute noch dafür, was ich ihr damals an Belastung zugemutet habe. Sie war eine große Stütze und verlässlicher Kamerad, ohne sie hätte ich das nie und nimmer geschafft. Das Schlimmste war: Als ich mithilfe der Therapie und der Meditation, die ich 1985 erlernte, immer klarer und stabiler wurde, konnte ich irgendwann auch die richtigen Entscheidungen treffen. Innerhalb weniger Wochen habe ich nicht nur bei der Polydor gekündigt sondern auch erkannt, dass wir uns trennen müssen. Was nach einem schmerzvollen Prozess des Hin und Hers dann auch passierte. Eigentlich furchtbar.

Aber die Kräfte, die bis dahin in mir gewirkt hatten, waren enorm. Zunächst ist nichts normaler als gelegentliche Angst oder besser: Befürchtung; die einen auch mal zögern lässt und eine Entscheidung aufschiebt. Als Alarmsystem absolut sinnvoll. Auf die Dosis kommt es halt nur an. Und ob sich Angst in einer Weise selbstständig macht, die außer Kontrolle gerät. Die gesteigerte Form, so wie bei mir damals, kann man schon eher als neurotische Störung bezeichnen, als Ausgangspunkt einer ernsteren psychischen Erkrankung. Ich meine irreale Ängste. Vor Problemen, die gar nicht existieren, vor Situationen, Dingen, Menschen, Tieren, was weiß ich, von denen in Wahrheit gar keine Gefahr ausgeht. Dinge, die Angstketten auslösen, ohne dass man weiß, warum. Das ist mir wohlbekannt, und das war damals an der Tagesordnung. Und irgendwann hat man Angst vor der Angst, vor der Atemnot, dem Herzrasen – wenn einen diese krankhafte Panik akut erfasst, fühlt sich ja alles an, als würde man gleich sterben. Und davor, aufzufallen oder anderen zur Last zu werden. Der Körper schüttet so viele Stresshormone aus, als wäre man andauernder Lebensgefahr ausgesetzt.

Ich war damals ständig unter Strom. Auch wenn eine akute Panik vorübergeht, bleibt ja ein tiefes Unwohlsein zurück. Man weiß schließlich nie, wann es wieder losgeht, wann es sich das nächste Mal so anfühlt, als würde man immer weniger Luft bekommen. Schlafen konnte ich nachts nur noch in Etappen, ich war so ausgelaugt von diesen inneren Zerreißproben. Und dann trat so etwas wie Lähmung ein. Bewegungsunfähigkeit und Flucht vor jedweder Inanspruchnahme. Jeder selbstständige Schritt wurde bleischwer. Irgendwann glaubt man ja, nie wieder Licht am Ende des Tunnels zu sehen.

**Wie sah Dein Leben in dieser Zeit aus, Dein Alltag?**
Meine damalige Partnerin übernahm im Grunde unseren Alltag, sie schmiss den Laden sozusagen; die meiste Zeit wohnte ich bei ihr, hatte zwar noch meine Wohnung, konnte aber eigentlich nicht mehr allein sein. Daraus ergab sich gleich die nächste Facette des Teufelskreises: Ich hatte nicht nur meine Ängste vor der Krankheit, sondern es entstand zusätzlich ein Bewusstsein, nicht mehr eigenständig, also wie entmündigt zu sein und ohne fremde Hilfe nicht mehr existieren zu können. Diese Dominanz von Minderwertigkeit projizierte ich dann irgendwann auch auf andere Menschen. Wo ich ging und stand, unterstellte ich, dass man mir meine Probleme ansehen könne, dass man der Meinung war, ich sei eine

unfähige Niete, und war überzeugt, deswegen gemieden zu werden. War eine Verkäuferin unfreundlich und abweisend, dann nicht, weil sie vielleicht nur einen schlechten Tag hatte, sondern natürlich, weil sie bemerkt hatte, dass ich ein Problemfall bin. Ende 1984 war ich kaum noch in der Lage, allein über die Straße zu gehen, um mir gegenüber eine Zeitung zu kaufen. Schon im Treppenhaus auf dem Weg von der Wohnung nach unten wurde mir schwindelig, und die kalte Angst kroch in mir hoch.

Mein Essverhalten zum Beispiel folgte fast schon mathematischen Prinzipien: Was ich esse – und wann. Kleinste Dosen sich wiederholender Inhalte. Um Beweise für oder gegen bestimmte körperliche Reaktionen abzuleiten. Ebenso wurden ständig Puls oder Fieber gemessen. Gleichzeitig vollführte ich im Kopf zum Beispiel jeden Tag bestimmte Zahlenspiele, die – vereinfacht gesagt – irgendwie Hinweise auf mein Schicksal lieferten. Das Datum auf einer Zeitung oder Zahlenangaben in einer Illustrierten, alles, was in mein Blickfeld rutschte, war dort für mich absichtlich hinterlegt. Und wurde von mir so lange gegeneinander verrechnet, bis zunächst mein Geburtsdatum, entweder in Gänze oder einzelnen Teilen, herauskam. Die zweite Rechnung bezog sich dann auf meinen Todestag, ein ganz absurder Thrill, diese Rechnerei. Immer wieder ermittelte ich so die Zeit, die mir noch bliebe, quasi »schwarz auf weiß«. Faszinierend, dass ich, der stets grottenschlecht in Mathematik war, überhaupt in der Lage war, solche akrobatischen Aufgaben im Kopf zu lösen.

Es war ein grotesker Zwang, dem ich nicht mehr entkommen konnte. Es war, als würde ich in einem ständigen Konjunktiv leben. In lichten Momenten kreiste nur die eine Frage in meiner Birne: Was wäre, wenn ich da nie wieder herauskomme? Gott sei Dank geriet ich irgendwann 1984 an meine Therapeutin.

**Was war der Auslöser, dass Du schließlich zu ihr gegangen bist … nachdem Du zuvor ja lange in dieser Ärzte-Odyssee verfangen warst?**
Ach, man denkt im Leben ja immer, dass es den einen Moment gibt, der die Wende bringt. Den gibt es aber nicht. Nur viele kleine, die es in der Summe ausmachen. Ich spürte jedenfalls mit fortschreitendem Verlauf dieses Wahnsinns: Hier kommst Du alleine nicht mehr heraus. Und ich hatte großes Glück. Meine Freundin besorgte die Empfehlung für die Nervenärztin und Psychotherapeutin. Sie behandelte mich anfangs neben den Gesprächen mit einem Psychopharmakon. Ein Medikament von erheblichem Kaliber. Es hieß »Imap« und wurde injiziert. Für die Nebenwirkungen gab es »Akineton«.

Wahrscheinlich ist es heute längst von moderneren Psychopharmaka abgelöst worden, die weniger Begleiterscheinungen verursachen. Das Besondere an »Imap« war, dass es, einmal gegeben, über Wochen in seiner Wirkung anhielt. Allerdings die richtige Dosierung zu finden, bedeutet für den behandelnden Therapeuten große Verantwortung. Es kann nämlich sein, dass ein und dieselbe Dosis an einem Tag zu viel, an einem anderen zu wenig Wirkung entfaltet, je nach Gemütslage des Patienten. Die erste Spritze, die ich bekam, ist mir bis heute lebhaft in Erinnerung geblieben. Nach der Verabreichung spürte ich zunächst keine unmittelbare Wirkung und verließ die Praxis. Ich stieg in meinen alten Peugeot 203 und fuhr zum Hamburger Dammtor-Bahnhof, denn ich hatte vor, dort bei Mc Donald's etwas zu essen. Den Wagen stellte ich auf dem Parkplatz ab, da kam schon ein sonderbar flaues, dumpfes Gefühl in mir auf. Aber noch fühlte ich mich eigentlich ganz gut. Ich setzte mich in eine der Nischen mit meinem Tablett und begann zu essen. Chicken McNuggets, Pommes Frites. Plötzlich wurde ich und alles um mich herum radikal langsam. Arme und Beine wurden taub. Der Kopf kam mir wie in einem Behälter voller durchsichtigem Öl vor, schmierig, verschwommene Sicht, träge die Drehbewegung. Alles wurde schwer, wie ein Taucher es wohl empfindet, wenn er mit seinen Bleigürteln aus dem Wasser steigt und auf einmal 30 Kilo schwerer ist. Es war ein ganz und gar unheimlicher Moment, der kaum in Worte zu fassen ist. Stell Dir vor: Dein Körper ist gelähmt, Dein Gehirn jedoch funktioniert wie immer, registriert alles, nur hinter einer Verpackung Luftpolsterfolie. Keiner sieht Dich, keiner hört Dich mehr, alles flieht und fliegt an Dir vorbei. Eine unglaubliche Ohnmacht, eine Machtlosigkeit, die unbeschreiblich ist.

Ich saß also ewig vor meiner Packung mit Hühnchen in dieser seltsamen Sitzecke von McDonald's. Im Bahnhof. Irgendwann ließ das lähmende Gefühl etwas nach und seltsame Unruhe gesellte sich dazu. Unglaublich, aber ich habe mich damals tatsächlich noch ins Auto gesetzt und bin mit 30 Stundenkilometern nach Hause geschlichen. Nicht zu fassen. Dort angekommen, setzte ich mich ins Bett, das war mein

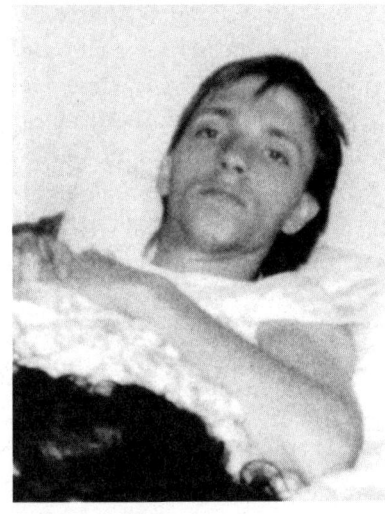

*Therapiezeit, 1984*

Zufluchtsort. Und begann zu reden wie ein Wasserfall. Egal, ob jemand im Zimmer war oder nicht.

**Hast Du das Medikament weiterhin genommen?**
Etwa ein halbes, dreiviertel Jahr lang. Die Wirkung war nie wieder so drastisch wie beim ersten Mal. Ich habe mich in die Obhut der Therapeutin begeben und ihr voll vertrauen können. Eine tolle, hochprofessionelle Person, die einen wirklich hervorragenden Job gemacht hat. Sie zeichnete mir ihren Behandlungsweg sehr klar auf: »Wir müssen jetzt erst einmal eine medikamentöse Maßnahme ergreifen, damit Sie aus der akuten Phase der Angst herauskommen, um dann in Ruhe an den Ursachen arbeiten zu können.« Letztlich müsse ich mit meiner Geschichte arbeiten, Lösungen für meine Probleme finden, die Sache in die Hand nehmen und irgendwann Entscheidungen treffen können. Sie als Therapeutin werde mich dabei begleiten. Fragen stellen, analysieren, mir helfen, die richtigen Dinge zu sehen. Sodass ich Schlüsse daraus ziehen, Ängste abbauen und irgendwann Taten folgen lassen kann. So kam es dann auch. Das Medikament half mir, Stabilität zurückzugewinnen. Der Angst wurden die Spitzen genommen. Das Karussell drehte sich langsamer. Es gab immer mehr Phasen, in denen ich ins normale Leben zurückkam. Körperliche Beschwerden gingen zurück, auch die Gedanken daran. Das war schon mal gut. Aber mir war immer klar, dass das Medikament keine Heilung darstellt und ich es früher oder später wieder absetzen muss. Was nicht heißt, dass ich mich zwischendurch nicht auch sorgte, wie ich ohne das Mittel klarkommen sollte. Es war ja jetzt Teil meiner Lebensordnung geworden, und die Vorstellung, sie wieder zu verändern, beschäf-

tigte mich während der ersten Monate der Behandlung schon sehr. Auch die Angst, vielleicht davon abhängig werden zu können, ganz klar. Aber wir haben das dann sanft immer weiter reduziert. Und dann ganz abgesetzt. Das ging ziemlich problemlos, erstaunlicherweise.

**Bist Du jemand, der zu Süchten neigt?**
Ganz klar: Nein, wenn es sich auf Suchtmittel bezieht. Aber ich bin ein ziemlicher Workaholic, und das kann ja auch sehr ungesund sein. Ich bin total leidenschaftlich und besessen, wenn ich arbeite. Und meist der Sache völlig verfallen. Manchmal, wenn ich eine Idee verfolge, oder mitten in einem Projekt stecke, kann es schon passieren, dass ich einfach kein Ende finde und bis in die Nacht tüftle. Irgendwann ist das aber ziemlich kontraproduktiv, weil man völlig übermüdet, aber total unter Strom wachgehalten, gar nicht mehr wirklich objektiv einschätzen kann.

**Und wie zügelst Du Dich selbst dann bzw. wie findest Du schließlich einen Schlusspunkt?**
In früheren Jahren habe ich nie ein Ende gefunden, bis ich völlig überdreht und übermüdet war. Zigaretten und Kaffee haben auch ihren Beitrag dazu geleistet. Das hatte schon einen gewissen Suchtcharakter, gar keine Frage. Mittlerweile ist aber die Vernunft eingekehrt, und ich höre zwar spät, aber rechtzeitig auf. Das Rauchen habe ich mir inzwischen auch schon lange abgewöhnt, und andere Drogen, egal welcher Art, habe ich immer schon zutiefst abgelehnt. Ein einziges Mal habe ich am Joint gezogen, Ende der 70er. Das war's. Ansonsten: Ich denke, ich habe genug körpereigene Drogen.

**Alkohol hast Du immer nur in Maßen getrunken?**
Nein, gar keinen. Nie.

**Was trinkst Du dann als »Dittsche« während der Sendung? Er kommt ja in den Imbiss, um sein Bier zu trinken.**
Alkoholfrei. Muss schon nach Bier schmecken, sonst perlt es nicht.

**Vorhin sagtest Du, dass es in der Zeit Deiner tiefsten Krise doch immer wieder auch Augenblicke gab, in denen Du Deine Situation durchschaut hast.**
In den Momenten war es, als stünde ich hinter einer Glasscheibe, von allem getrennt, und würde zusehen, wie andere Menschen an mir vorbeigehen. Komisch, dieses Gefühl von damals war sofort wieder da, als wir vorhin durch den Flur hierher zum Werkraum gingen. Die beiden Leute, denen wir auf dem Weg begegnet sind, wie sie uns angeschaut haben. Träge, aber gleichzeitig so direkt, so unverblümt. Dieser Blick sagt: Ihr kommt aus der Welt »da draußen«, aus der Welt vor der Glasscheibe.

Ich denke, dass Heino Jaeger diese Kluft sicher auch empfunden hat, aber vielleicht konnte er sich auch besser betäuben. Wer weiß. Vielleicht war er auch an einem Punkt, an dem es keine Bedeutung mehr hatte, keine Ahnung. Er hat ja auch sehr viel getrunken, schon lange bevor er in diese Einrichtung kam. Ich weiß nicht, was Alkohol mit einem derart freien, großen Geist anstellt über Jahre. Man sieht das auch in seinem Werk. Schau Dir zum Beispiel die Bilder von ihm an, die da drüben neben dem Fenster an der Wand lehnen. Die hat er hier gemalt, und das sieht man ihnen auch an.

**Ich kenne nur wenige seiner Bilder. Was unterscheidet diese denn von anderen?**

Sie sind lange nicht so präzise, klar und vollendet im Ausdruck wie die Zeichnungen und Malereien vor seiner Zeit hier. Heino Jaeger konnte – mit Ausnahme seiner letzten Lebensjahre vielleicht – seinen sehr genauen Blick für das Absurde, Skurrile, das Bedeutende in der Normalität von Menschen und Situationen in Bildern und unerreichten Stegreifvorträgen sicht- und hörbar machen. Unerreicht bis heute. Das hat schon lange, bevor ich mich beruflich mit dem Schauspielen beschäftigt habe, große Faszination auf mich ausgeübt. Im Grunde auch etwas angeschwungen, vielleicht sogar ursächlich in Bewegung gebracht, ohne das ich heute nicht das täte, was ich tue. Eine zuvor nur schlummernde Leidenschaft, Figuren zu spielen, das hat Jaeger in mir entfacht. Er erfand szenische Momente von aberwitzig komischer Fallhöhe, die er sich stets aus dem wahren Leben abschaute, dann aber weiterdrehte.

Zu meinen Lieblingsvorträgen von Jaeger gehört eine erfundene Sportreportage; er nannte sie »Einmarsch der Nationen«. Eine Art Reportage von der Eröffnungsfeier der Olympischen Spiele. Jaeger spricht hier perfekt im Tonfall jener nassforschen Reporter aus dem Rheinland, die man von samstäglichen Bundesligakonferenzen im Radio kennt. Es beginnt ganz harmlos: »Schönes Wetter könnte man sagen, trotz Nieselregen!« Dann geht es ungefähr so weiter: »Aber warum der Fahrer Walter Bubowski in der entscheidenden Runde seinen Wagen einfach aus den Augen verlor ...« Und es steigert sich immer weiter. Allein die Beschreibung der Ehrengäste auf der Tribüne – vom Kinderminister aus Kamerun bis zum Sarkophag des Prinzen von Agadir wird es immer absonderlicher.

Ständig erscheinen Spielmannszüge – mal in Silbergrau, mal in Weinrot. Reporterfloskeln, wie »Der Trainer der Schweden verliert seinen rechten Schuh«, als wolle er sagen: »Wir wollen fair sein in diesem Rennen, um das es ja geht« steigern sich bis zum absolut wahnsinnigen, furiosen Ende der Übertragung, wenn »Tausende von Seemöwen aus Körben« fliegen gelassen werden und ein, nein zwei – nein, doch ein Storch mit dabei ist und die olympische Fackel brennt, ausgeht, brennt, ausgeht und schlussendlich dann doch brennt.

Diese Reportage hat mich übrigens damals zu »Neues vom Spocht« inspiriert, bei »RTL Samstag Nacht«. Heute mache ich ab und zu Lesungen aus Heino Jaegers Werk. Eine große Freude, ein Fest, immer wieder.

**Ein Mitarbeiter aus dem Haus, der auch in den 90er-Jahren hier arbeitete und Heino Jaegers letzte Lebensjahre begleitet hat, erzählte, er habe ihn öfter auf Ausflüge mitgenommen und ihn motiviert, Fotos zu machen. Nach solchen Vorlagen hat er hier dann gezeichnet.**

Ja, kann ich mir gut vorstellen, dass die Initiative da nicht mehr so sehr von Heino Jaeger selbst ausging. Traurig, seine letzten Jahre. 1997 ist er dann gestorben. Viel zu früh. Viele erkannten einfach nicht, wie brillant er war. Loriot hat es sinngemäß einmal so formuliert: »Wie kann es sein, dass wir Jaeger nicht erkannt haben! Wahrscheinlich haben wir Deutschen ihn nicht verdient.«

Sicher liegt es auch an meiner Affinität zum Scheitern, zur Melancholie, dass mir Jaeger so nahe geht. Und ich habe mich in den Jahren, die ich sein Werk studiere, manches Mal gefragt, ob ich dieses Gefühl der Nähe, die

Begeisterung für ihn, auch wegen ähnlicher psychischer Grunddispositionen empfinde. Es gibt schon eine Art Seelenverwandtschaft im Kern, mehr aber sicher nicht. Er war in vielerlei Hinsicht eine Ausnahme, ich bin da sicher eher ein Normalo. Und uns trennt natürlich unbedingt die Dimension der künstlerischen Resultate. Jaeger wird immer unerreicht und vielleicht deshalb auch unerkannt bleiben, was tragisch genug ist. Ich bin ihm auch nie wirklich persönlich begegnet, was ich natürlich sehr bedauere. Lediglich zwei Mal konnte ich ihn live erleben. Einmal traf ich ihn bei einem Benefizkonzert. Ich fand seinen Auftritt großartig, aber im Publikum stieß er weitgehend auf Unverständnis. War nicht schön, das anzusehen. Irgendwann während seiner Nummer – er hielt mit geknödelter Stimme einen Vortrag als Ordensschwester über die Ausfahrt nach Gent und Brügge – kam der Moderator von hinten an ihn heran, legte die Hand auf seine Schulter und sagte: »Du, ist gut jetzt, glaub ich.« Dann gingen beide ab. Furchtbar. Einige Jahre später lief ich ihm in der Lebensmittelabteilung des Hamburger Alsterhauses über den Weg. Ich packte gerade irgendwas aus einem Regal in meinen Einkaufskorb, als ich von der anderen Seite eine sonderbar murmelnde Stimme hörte. Ich bog vorsichtig um die Ecke und: Tatsächlich, da stand Heino Jaeger. In der Hand hielt er eine Dose Champignons und las sich selbst die Ingredienzien vor. Fabelhaft! Manchmal wiederholte er ein Wort, schüttelte den Kopf mit seinen weich anliegenden, langen Haaren, die unter einer Wollmütze hervorschauten, und lachte dann vor sich hin. Als er weg war, nahm ich die Dose und studierte das Etikett. Und tatsächlich: Irgendwann wurde es komisch.

Jaeger war aber keineswegs nur das, was man auf den

ersten Blick vielleicht mit »sonderbarer Kauz« umschreibt. Das trifft es überhaupt nicht umfassend genug. Ich habe von Joska Pintschovius, Jaegers engstem Vertrauten und besten Freund, manche wirklich unglaubliche Anekdote über ihn gehört. Wie er sich bisweilen schonungslos, ja rücksichtslos anderen genähert hat. Sie provoziert hat. Grenzsituationen heraufbeschworen hat, dass man dachte, jetzt kriegt er gleich aufs Maul. Natürlich hatte Jaeger schlicht Spaß daran, andere zu verunsichern. Aber diese Momente waren ganz sicher Treibmittel für seine besonderen Einfälle, die dann folgten. Es hat seine Inspiration in Bewegung gebracht, sich in Gefahr zu begeben. Das ist doch häufig diese spezielle Dynamik: dem Abgrund, der sich dann vermeintlich auftut, durch einen besonderen Einfall und dessen Umsetzung zu entgehen. Das schmeißt den Motor an. Ein sich im Grunde immer wiederholender Überlebensprozess. Oder wie ich es mal über ihn gelesen habe: Jaeger war gelebte Anarchie.

**Blickt man auf seine Biografie, scheint es, als habe er, lange bevor er hierherkam, der »normalen Welt« immer wieder entfliehen wollen. Durch Alkohol. Aber er hat sich auch, bevor er mehr trank, einem Leben nach gesellschaftlich üblichen Normen einfach entzogen. Kennst Du solche Momente ebenfalls?**
Nein, schon gar nicht so krass. Allein wie Heino Jaeger lebte, in dieser total heruntergekommenen Wohnung, mit Schimmel an den Wänden und total vergammeltem Krempel in allen Ecken, unvorstellbar. Dagegen bin ich sicher viel stärker in der bürgerlichen Welt verankert. Allein sein gnadenloses Gebaren, Menschen auf den Pelz zu rücken und in ihrem Beisein nachzuäffen. Unglaublich, dazu

128

fehlte mir sicher jeglicher Mut. Abgesehen davon, dass diese Art Kamikaze-Performance besondere künstlerische Resultate zutage förderte, denke ich, dass Jaeger gar nicht anders konnte. Es hat ihn irgendwie auch erleichtert, in dieser Weise Dampf abzulassen. Ich hätte schon gar nicht den Mut, anderen derartig zu nahe zu treten. Diese Chuzpe fehlt mir total. Jaeger hatte sie, mehr noch: Er hatte große, diebische Freude daran. Und er war sich in seinem Auftreten offenbar absolut sicher. So sicher und wasserdicht wie seine Stegreifszenen, die dann währenddessen oder kurze Zeit später entstanden und irgendwann aufgenommen wurden. Pintschovius hat mir erzählt, dass es zu jeder seiner Figuren Vorbilder aus dem wahren Leben gegeben hat. Leute, die er gesehen, im Radio gehört oder eben live erlebt hat. Und sofort imitiert, mit seinem brillanten Unsinn angereichert und wiedergegeben hat. Ich wäre viel zu befangen, mich einfach irgendwo dazuzustellen und loszulegen. Ganz und gar undenkbar. Weil es ja auch gar nicht als darstellerischer Vorgang, als Auftritt erkennbar wäre. Auf einer Bühne, vor der Kamera, klar, das ist etwas völlig anderes. Da gibt es ja auch eine klare Verabredung zwischen Darsteller und Publikum. Aber so? Nein, nein, auf keinen Fall. Ich hätte viel zu viel Schiss vor Prügel.

**Bist Du grundsätzlich eher schüchtern, unsicher?**
Da ist schon was dran. An Mut zur eigenen Courage mangelt es mir durchaus gelegentlich, im Kleinen wie im Großen. Im Zweifelsfall halte ich viel zu lange aus, bis der Druck so groß wird, dass die Angst, in die Knie zu gehen oder gar daran zu zerbrechen, größer wird als die Angst davor, eine Veränderung auszusprechen und zu vollziehen. Wie heißt es so schön: Man will ja keinem auf die

Füße treten. Das war wirklich lange Zeit meine latente Schwäche, die sich wie ein roter Faden durch die Jahre gezogen hat. Und die ich zwar immer besser, aber dennoch mühsam in den Griff bekommen habe. Mir ist es immer schon schwergefallen, mich zu trennen – was alle Lebensbereiche betrifft: ein Arbeitsverhältnis, Freundschaften, die nur Einbahnstraßen sind, oder partnerschaftliche Beziehungen. Es fällt mir schwer, Nein zu sagen. Wenn etwas in Schieflage gerät, stellt sich bei mir zunächst immer die Sehnsucht ein, alles kann wieder gut werden. Und dafür verausgabe ich mich bis zur totalen Erschöpfung. Um zu retten und zu kitten, was vielleicht längst vorbei ist oder nie da war, wer weiß. Vielleicht nur in meiner Schwärmerei. Ich weiß gar nicht, was eigentlich die Triebfeder ist; vielleicht die sehr romantische Seite an mir, ganz kitschig, dass die Liebe alles richtet? Aber auch die mangelnde Fähigkeit, ja Charakterschwäche, sich im entscheidenden Moment klipp und klar und ohne Zeitverzögerung zu wehren. Vor allem, wenn es auf der Hand liegt, dass ich eh nur ausgenutzt werde. Was durchaus vorgekommen ist. Andere Menschen sagen geradeheraus und ohne lange zu überlegen, was ihnen durch den Kopf geht. Ich musste dafür viele Jahre ackern. Aber ich habe schon die etwas pathetisch anmutende Erkenntnis gewonnen, dass Klartext reden und handeln immer befreiend wirkt, Loslassen und Verschlankung Klarheit schaffen. So geht es mir im Übrigen auch mit Gegenständen, ganz lustig. Ich brauche immer weniger, und eine Menge Krempel, den ich teils jahrelang mit mir herumschleppe, empfinde ich plötzlich als Ballast. Ich habe mal gehört, man solle nur besitzen, was man braucht oder was man liebt. Der Rest: weg damit.

Noch mal zurück zur gelegentlichen inneren Unsicherheit oder besser: wenn die äußeren Schutzschilde versagen. Manchmal ist mir das Repräsentieren der eigenen Person in der Öffentlichkeit regelrecht ein Gräuel und dieses ganze Schaulaufen und Posen auf Galas gar nicht mein Parkett. Damit wir uns nicht missverstehen: Ich bin glücklich mit dem, was ich mache, und dankbar, dass ich es tun kann. Eine komfortable Lebenssituation, die allerdings auch nicht vom Himmel fiel. Aber dieses ganze Tamtam immer, in den allermeisten Fällen ist es doch absolut unangemessen. Oder anders ausgedrückt: Bekanntheit bedeutet mir letztlich nichts. Außer wenn sie mir das verschafft, wofür ich all die erfolglosen Jahre geschuftet habe: die Aufmerksamkeit für meine Werke. Dass die Leute hingucken, weil sie wissen, der hat vielleicht was zu bieten. Das ist ein hart erarbeitetes Privileg, dass ich wirklich zu schätzen weiß. Auch, dass man irgendwann mal keine Schulden mehr hatte und die großen existenziellen Ängste der 80er- und frühen 90er-Jahre vorbei sind.

**Wenn ich Dich also richtig verstehe, sind Deine Ängste nie ganz verschwunden?**
Es ist immer ganz gut, den Ball flach zu halten und eine gesunde Vorsicht walten zu lassen. Applaus ist trügerisch und Erfolg, vor allem im Unterhaltungsgeschäft, nun wirklich keine stete Sache. Niemand kann heute mehr mal eben bekannt werden und ist dann auf Jahre hinaus gesichert. Die Moden wechseln viel schneller, und es werden in viel kürzeren Abständen frische Reize gebraucht. Welche neue TV-Serie hält denn heutzutage schon lange? Gesundes Misstrauen ist also angesagt. Vielleicht kann

man diese Sicht auf die Dinge auch als gelegentlichen Anflug von Existenzangst bezeichnen. Das erdet aber auch ganz gut in diesem Business. Derartig massive Ängste, wie ich sie in der großen Krise Mitte der Achtzigerjahre erlebt habe, wird es aber ganz sicher nie wieder geben. Das war eine kolossale Eruption, ein Ausbruch, der in den kapitalen Veränderungen, die in den Jahren danach folgten, seine positive Entsprechung fand. Aber ich bin ja kein anderer Mensch geworden, meine blühende Phantasie ist nach wie vor sehr lebendig. Und Angst kommt immer mal wieder auf. Nur der Umgang damit hat sich elementar verändert. Mein Humor, den ich ja viel offener nach außen trage als damals, hat dem Umgang mit Ängsten natürlich ebenso ein maßgebliches Gegengewicht beschert. Oft habe ich später bei kleineren Krisen und Katastrophen gedacht: Was soll Dir eigentlich noch passieren, nach diesem Supergau in den 80ern? Die Angst ist heute eher eine alte Bekannte, die sich manchmal meldet. Aber wir haben im Großen und Ganzen unseren Frieden miteinander gemacht.

**Du sprichst sehr offen über Deine Ängste.**
Was soll mir denn passieren?

**Natürlich, heute wird viel offener mit psychischen Erkrankungen umgegangen als noch vor zehn oder 15 Jahren. Aber trotzdem: Mein Eindruck ist, dass es immer noch viele Menschen gibt, die sie als Schwäche deuten. Hast Du nie darüber nachgedacht, dass ein Produzent oder Regisseur Dich deswegen vielleicht als Wackelkandidaten sieht?**
Nein, das wäre doch auch totaler Unsinn. Alles, worüber wir hier sprechen, liegt Jahrzehnte zurück und bildet eine

ganz besondere Phase in meinem Leben ab. Ein Dokument eines Prozesses, der nicht zuletzt auch nach sich gezogen hat, dass ich zu meinen Talenten gefunden habe und zur Konsequenz, ihnen nachzugehen. Ihnen zu vertrauen. Ein Prozess, der mich ja am Ende auch stark gemacht hat. Heutzutage und seit vielen Jahren bin ich gefestigt und sogar besonders leistungsfähig. Mir ist schon klar, dass es für viele Menschen bis heute ein Tabu ist, über solche Dinge zu sprechen. Oder sich einem Psychotherapeuten anzuvertrauen. Darüber zu sprechen ist aber immer gut. Und wenn ich anderen vielleicht Mut machen kann, sich Hilfe zu holen, wenn es ihnen schlecht geht, dann ist das doch eine feine Sache.

Mir hat neben der Therapie auch die Meditation geholfen, den Umgang mit meiner Situation zu erleichtern. Mehr noch, sie brachte mich damals einen entscheidenden Schritt weiter. Die Meditation löst natürlich ebenso wenig wie eine Therapie auf einen Schlag Probleme, aber sie hat etwas sehr Wichtiges bewirkt: Ich bekam in einer ausschließlich negativ geprägten Phase meines Lebens einen neuen Erfahrungshorizont. Es stellten sich Eindrücke und Erfahrungen von eigener, positiver Energie ein. Von Entspannung. Das war mal ganz was Neues. Wie eine Tür zum Notausgang, die man öffnet, und dadurch endlich mal den Käfig lüftet. Es klingt vielleicht unglaublich, aber für mich hatte das einen elementaren Kick damals, als ich von meinem Mediationslehrer ein Mantra zugeteilt und den richtigen Umgang damit beigebracht bekam. Schon nach wenigen Minuten – kein Witz! – wusste ich: Das ist es. Endlich Licht am Ende des Tunnels, ein Ausweg ist in Sicht. Jetzt kannst Du Dir endlich selbst helfen, hier passiert etwas wirklich Gutes. Der eigentliche, natürliche

Sinn jeder Meditation ist, gezielt und effektiv zu entspannen. Klarheit und Ruhe in die Birne zu bekommen. Loszulassen. Und durch diese gezielte Entspannung Stressabbau zu betreiben. So einfach ist das. Mit dem Mantra kann man mit großer Leichtigkeit, fast nebenbei, in einen Bereich seines Bewusstseins vordringen, den man ansonsten nur während des Schlafens erreicht. Es ist die Qualität, die Fähigkeit dieser Klangworte. Sie werden auch »Gedankenwagen« genannt. Eine pfiffige und durchaus zutreffende Beschreibung. Denn das Mantra macht eigentlich nichts anderes, als Deine Sinne anzuregen und Gedanken in Bewegung zu bringen. Und es begibt sich im Laufe der Meditation auf den Weg durch das Dickicht Deines Unterbewusstseins. Je länger die Meditation dauert, desto mehr kommt in Bewegung, im besten Fall an die Oberfläche. Ich habe schon die abenteuerlichsten Erinnerungen geweckt, Gedanken zutage gefördert und knifflige Situationen gelöst, während ich meditiert habe. Es purzelt plötzlich so daher. Manchmal ist es auch scheinbar langweilig, oder man schläft einfach ein. Auch gut. Dann wieder gibt es auch Momente großer Klarheit, zu der man sogartig hingezogen wird und wobei komplette Stille einkehrt. Welche vedischen Mönche vor Tausenden von Jahren auch immer die Vielfalt der Mantren erkannt und deren Auswahl getroffen haben, sie waren wahre Meister. Von Maharishi Mahesh Yogi, dem Guru, bei dem auch schon die »Beatles« waren, habe ich einen ganz treffenden Vergleich über die Wirkung eines Mantras gelesen: Es funktioniert wie ein Löffel, mit dem Du in einem Glas Seewasser, das längere Zeit abgestellt war, vorsichtig herumrührst. Die Partikel, die sich inzwischen am Boden festgesetzt haben, werden aufgewirbelt und nach oben gespült. Da kann man sie dann leicht entfernen. Lustiges Bild.

**Träumst Du manchmal von der schwierigen Zeit, die Du in den 8oer-Jahren durchlebt hast?**
Eigentlich nicht, nein. Aber in den letzten zwei, drei Jahren war ich im Traum manchmal wieder in den Büroräumen der Polydor. Irgendwelche beklemmende Szenarien spielen sich dann meist ab, dass ich nicht weiß, was ich jetzt zu arbeiten habe, oder von argwöhnischen Mitarbeitern umgeben bin, denen ich Rechenschaft ablegen muss.

**Du hast damals auch die Erfahrung machen müssen, dass es finanziell immer enger wurde.**
Ich erinnere mich noch sehr gut an einen Moment, das war in der Grindelallee an der Dresdner-Bank-Filiale, da hat der Geldautomat nicht nur kein Geld mehr rausgerückt, sondern auch gleich meine Karte einbehalten.

**Wo gönnst Du Dir heute Luxus?**
Ich gehe sehr gern und häufig gut essen.

**Wenn man die Biografie Heino Jaegers liest, hat man den Eindruck, dass er immer wieder nach erwiderter Liebe im Leben gesucht hat. Ist das Leben ohne solche Liebe überhaupt ein erfülltes?**
Ich kann mir vorstellen, dass es Menschen gibt, für die das eine untergeordnete Rolle spielt. Ob Jaeger nun der Charakter war, der dann ein Leben lang mit der einen großen Liebe zusammengeblieben wäre – schwer zu sagen angesichts all der Abgründe, die er in sich hatte. Was die Frage nach Liebe angeht, kann ich mich nur schwer in ihn

hineinversetzen, dazu weiß ich zu wenig von seinem Privatleben. Er war sicher in gewisser Weise auch ein Romantiker, aber exzentrisch und grenzüberschreitend. Und ganz bestimmt sehr ichbezogen. Dann diese verwahrloste Bude. So eine Frau musst Du erst mal finden, die da einzieht.

**Was erwartest Du von der Liebe?**
Große Gefühle sind Trumpf! Leidenschaft und Hingabe! Am besten jeden Tag! Haha, schöne Vorstellung, klappt bloß nicht immer. Es ist so unendlich wichtig, dass man sich respektiert. Davon wird so oft gesprochen, aber es wirklich zu verinnerlichen, ist echt 'ne Aufgabe. Am ungeliebtesten fühlt man sich doch eigentlich immer dann, wenn man respektlos behandelt wird. Oftmals übrigens das erste Anzeichen, wenn die Liebe nachlässt. Die tolle Zeit der Verliebtheit, in der man sich von seiner besten Seite zeigt, tolerant und verständnisvoll, ja kolossal begeistert vom anderen ist, geht irgendwann doch vorbei. Wenn der Alltag einkehrt. Ich glaube, wirklich belastbare, große Liebe entsteht erst dann und zwar aus Respekt. Dass man dem nahesten Menschen, auch wenn er noch so alltäglich zur Verfügung steht, gelegentlich schöpferische Distanz zugesteht und die Würde lässt. Wenn ich liebe, dann liebe ich richtig. Mich zieht es nicht von einem Abenteuer zum nächsten. Ich bin deutlich monogam veranlagt. Deshalb nimmt mir eine Trennung – wie wahrscheinlich den meisten Menschen – auch sehr den Halt. Wohl deswegen hatte ich in meinem Leben nur ein paar wenige, dafür aber sehr lange Beziehungen. Ich bin ein zutiefst treuer Mensch, auch meinen Freunden gegenüber.

**Schöpferische Distanz, was bedeutet das?**

Manchmal braucht man emotionalen Abstand, um ganz bei sich zu sein, um sich besinnen zu können und klar zu sein. Jeder braucht das. Und besonders, wenn man gestalten, erfinden, wenn man etwas Neues suchen will. Dann muss das Blatt Papier weiß sein. Nicht beschrieben.

**Gab es in Deinem Leben eine erfüllte Liebe?**

Aber sicher. Und die bewahrt man sich ja auch in der Erinnerung.

**Und eine unerfüllte?**

Mir ist vor vielen Jahren eine wirklich unglaubliche, ganz wunderbare Frau begegnet. In einem Moment, in dem ich am wenigsten damit gerechnet hatte, wurde ich kalt erwischt. Ihr ging es genauso. Klug, begabt, uneitel, stolz, besonnen, mit großem Herzen und einem goldenen Humor gesegnet, wunderschön und waffenscheinpflichtig sexy. Wurde trotzdem nichts. Sie war vergeben.

**Gab es in Deinem Leben genug Liebe?**

Na, ich hoffe, das Thema ist noch nicht abgeschlossen!

**Es gibt ja Menschen, die mit dem Gefühl durchs Leben gehen, eher zu wenig Liebe abzubekommen. Andere empfinden alles als ausgewogen, auch wenn es mal schwierige Zeiten gibt.**

Natürlich, es gab und gibt genug Liebe. Und die wunderbarste Erfahrung an tiefer Zuneigung habe ich gemacht, als ich Vater wurde. Ich hätte zuvor nie gedacht, dass man so lieben kann – und dass man so zurückgeliebt wird.

**Gibt es etwas in Deinem Leben, das Du nie verändert hast?**
Es gibt Dinge, die ich schon sehr lange und regelmäßig tue – wie zum Beispiel meditieren, zum HSV gehen, auch das Musizieren ist eine sehr feste Größe.

**Und wenn man an Werte denkt?**
Dass ich mir im Leben alles mit ehrlicher Arbeit verdient habe – mit Dingen, hinter denen ich stehen kann. Selbst wenn ich heute weiß Gott nicht alles qualitativ glänzend finde, aber es ist immer einem Ansatz entsprungen, es mit ganzem Herzen zu machen, mit Anstand und hoffentlich gutem Stil. Das ist mir schon wichtig, die Art und Weise, wie man sich gegenüber anderen Menschen durchs Leben bewegt.

# Autodiebe

Aufbruchstimmung. Frühling 1985. Die lange Qual verrückter Ängste, Phobien und eingebildeter Krankheiten flatterte allmählich davon. Kein Medikament mehr, keine Therapiesitzungen. Von meinem Arbeitgeber hatte ich endlich, nach Jahren der Geburtswehen und Verzweiflung, Abschied nehmen können und gekündigt. Nie wieder Büro, nie wieder die falsche Seite des Schreibtischs. Was für eine Befreiung! Meine fünfjährige Partnerschaft ging auch in die Brüche, traurig, aber wahr. Ich war noch etwas wackelig in diesen Tagen, so wie man sich nach überstandener, langer Krankheit fühlt. Wenn man Bäume ausreißen und das Leben endlich wieder anpacken will, aber alle sagen: »Na, nun mach mal erst mal langsam!«

Vor Kurzem hatte ich die Meditation erlernt, und nun war ich auf dem Weg Richtung Bremen. Für drei Tage wollte ich in einer Meditationsakademie den Umgang mit meinem Mantra vertiefen. Also rein ins Abenteuer und rein in das schöne, alte Auto.

Es regnete nicht, und es war auch noch nicht dunkel. Die Verkehrsdichte hielt sich sehr in Grenzen, keine Staus, kein »Stop and Go«, so soll es sein. Ich fuhr, ohne groß zu überholen, zwischen ein paar LKW eingereiht, sanft dahingleitend auf der rechten Spur. Gelegentlich hupte ein vorbeifahrendes Auto, und in den Gesichtern der Insassen sah man meist ein Lächeln zur erhobenen, winkenden Hand. Beste Fahrbedingungen, könnte man meinen, dennoch war mir recht mulmig, mit diesem Auto noch einmal mehr als 100 Kilometer zu absolvieren. Von Hamburg nach Bremen auf der Autobahn und dann noch dreißig Kilometer auf der Landstraße. Eine Weltreise, unter diesen Umständen, mit diesem Automobil.

Denn was wäre, wenn – wie im letzten harten Winter, als ich auf der Transitautobahn durch die DDR von Berlin heimfuhr – das Kupplungsgestänge noch einmal brechen würde? Diesmal hatte ich keinen cleveren Beifahrer namens Ole Dammann neben mir sitzen, der bereit gewesen wäre, sich für eine improvisierte Reparatur selbstlos unter das antike Gefährt zu legen. Ein wirklich patenter Pfiffikus, der Herr Dammann, der es fertigbrachte, mit einem Drahtkleiderbügel eine Steckverbindung herzustellen, die es mir ermöglichte – nachdem wir das Gefährt angeschoben und auf Schrittgeschwindigkeit gebracht hatten – im zweiten Gang anzufahren, genau einmal hochzuschalten, und dann im dritten Gang nach Hamburg zu tuckern.

Das dürfte nicht noch einmal passieren, diesmal war ich allein.

Oder was, wenn ich erneut unversehens viel Öl verlieren würde? Wie seinerzeit auf der Max Brauer Allee in Altona, als offenbar mehrere Dichtungen, von jahrzehntelang ertragener Hitze des Bodenblechs madig gemacht, porös bröselnd aus den Schlauchverbindungen und Muttern herauspurzelten?

Oder was, wenn der wieder mal klägliche Kühlwasserrest zu kochen beginnen würde? Ich hatte den Behälter zwar erst vier Tage zuvor an der Shell-Tankstelle Amsinckstraße bis zum Stehkragen aufgefüllt. Aber vielleicht gab's ja doch wieder ein neues Loch im maroden Kühler? Da sind doch dann zwei, drei Liter Wasser in ebenso vielen Minuten spurlos verschwunden. Schon einmal war mir das passiert, eine lästige Veranstaltung. Aber einen neuen Kühler inklusive Reparatur konnte ich mir derzeit einfach nicht leisten, neue Kolben im Motor hatten erst kürzlich den Dispokredit vollständig ausgeschöpft.

So stand ich also kurz vor der Abreise nach Bremen, in einer Werkstatt an der Eimsbüttler Osterstraße einem alten Schrauber-Haudegen gegenüber. Ein staubtrockener, wortkarger Hanseat, mit öligen Händen, Overall und Pudelmütze. Er zeigte mir ein kleines Blechfläschchen, gefüllt mit karamellfarbener, dicklicher Flüssigkeit. Die füllte er in den leeren Kühler ein und erklärte, dass kleinere Rostlöcher »ohne Löten und so'n Scheiß« sofort dicht seien und der sonderbare Sirup sich nicht mit dem Kühlwasser vermengen würde. »Hält 'ne Weile«, schloss er murmelnd ab. Dann drückte er mir eine Plastikkanne mit Leitungswasser in die Hand und ging. Als ich nach Auffüllen des Kühlwassers dennoch an der Seite ein kleines Rinnsal bemerkte, zuckte er im Vorbeigehen nur mit den Schultern und sagte: »Das ist ein französisches Auto. Das leckt.« Und beruhigend: »Kannst aber trotzdem 'mit fahren, passiert weiter nix mehr, echt.«

So fuhr ich also aus Hamburg los und kam zweieinhalb Stunden später, tatsächlich ohne Wasserverlust, auf dem Parkplatz des Meditationszentrums an. Sagenhaft.

*Mein Peugeot 203, 1985*

Dieses Auto war zu jener Zeit mein stolzester Besitz.

Ein schwarzer Peugeot 203, Baujahr 1956, so alt wie ich. Mit Stahlschiebedach. Ein strammer Vierzylinder mit 1290 cm³ Hubraum, 45 PS, erstmals hydraulischen Bremsen und vorderer Einzelradaufhängung. Wenn man unter leichtem Knacken die stattliche Fronthaube öffnete und in den Motorraum blickte, gab es wenig zu sehen: ein kleiner Motorblock, eine Zündspule, zwei 6-Volt-Batterien, eine Lichtmaschine und einen Anlasser. Und ein paar Kabel und Schläuche. Mehr nicht.

Diese elegante französische Limousine, mit Türen, die durch das Herunterdrücken eines schlanken Chrombügels, »Philip Marlowe«-mäßig nach vorn aufgeschwungen wurden, das noch einen Choke, einen Zündungsdrehschalter sowie einen herauszuziehenden Anlasserknopf hatte, das über Pedale verfügte, die nicht im Fußraum hängend ihren Dienst taten, sondern mit schwerem Tritt im Bodenblech zu versenken waren, besaß vier! Schlüssel (Tür, Kofferraum, Tankdeckel und Zündschloss), natürlich Lenkradschaltung (Achtung: erster Gang vorne unten links, oben war der Rückwärtsgang!) und einen wirklich wunderschönen, schlichten Volant. Dieses Steuerrad, aus hartem, grauem Kunststoff, hatte lediglich zwei horizontale Speichen, die den Außenring mit einer kleinen Kuppel in der Mitte verbanden. Etwa so groß wie eine halbe Apfelsine war dieser Deckel aus mittlerweile fast blindem Kunststoffglas, der auf einer großen Feder saß und beim Hereindrücken die Hupe in Betrieb setzte. In der Mitte, unter dem Deckel eingelassen: der berühmte Peugeot-Löwe. Das Armaturenbrett war vollständig aus grauem Blech gefertigt, kein Holz, kein Gummi, kein Plastik. Schlicht, mit einem übersichtlichen Tachometer und ein paar wenigen runden Knöpfen. Gelegentlich garniert mit kleinen Chromlitzen und einem ebensolchen Knauf am Handschuhfach, um dieses aufklappen und schließen zu können. An einer freien Stelle, gleich rechts hinter dem Schalthebel, hatte ich eine Autoblumenvase aus Steingut platziert, die in einem Saugnapf mit sehr strammer Drahtklammer hing und eine auf dem »Hamburger Dom« geschossene, goldene Plastikrose sicher durch die Gegend kutschierte.

Die Sitzbezüge waren einst anthrazitfarben, aus gewebtem, dickem Stoff, mit breiten Kunststoffblenden rechts und links an den Rändern abgesteppt. Wenn man einstieg, fiel der rasche Blick auf die hellgraue Filzbespannung am Dachfirmament. Die Rostflecken an den Säumen über der Tür und ums Schiebedach herum erzählten von unzähligen feuchten Ausfahrten bei Regen, Nebel, Tau und Schnee. Nahm man Platz, knarzten die dicken Federn in den Polstern, und besonders der Fahrer knickte ein wenig nach links, was der Gemütlichkeit während der Fahrt aber keinen Abbruch tat. Der süßlich herbe Duft, der jedem noch intakten Automobil sehr früher Tage innewohnt, wenn Kunststoff und Textilien über viele Sommer und Winter in die Jahre gekommen waren, spröde und brüchig geworden, eingerissen, abgefallen, notdürftig mit Leukoplast oder Tesaband repariert; diese Melange aus Vergangenheit und Weltreise säuselte also um mich herum und verströmte ein Ambiente von Kunst, Kultur und Freiheit im Geiste.

Und natürlich war ich überzeugt, ein Modell mit hohem Sammlerwert zu besitzen, das, würde es einmal gestohlen, nicht an jeder Ecke wiederzubeschaffen wäre.

In Bremen angekommen – mein sehr bescheidenes Zimmer mit Futonmatratze, Papierrollo und Yogamatte hatte ich bereits bezogen und den smarten Wind des Tofu-, Ingwer-, Lassi-, Reisbuffets in der Nase –, musste ich noch einmal zum Parkplatz zurück, um etwas aus meinem Kofferraum zu holen.

Da sah ich ihn. Schon von Weitem.

Ein mit schwarzer Hose und schwarzem Poloshirt bekleideter Mann, dubios auf den ersten Blick. Er schlich um die parkenden Autos herum. Nicht weit entfernt, eine ähnlich gekleidete Frau. Beide warfen sich ein paar Blicke und wenige Worte zu, dann machte sie sich am Kofferraum eines schwarzen Golf-Cabrios zu schaffen. Autodiebe, ganz klar. Er der Boss, sie seine Komplizin. Fingerfertig öffnete sie den Kofferraumdeckel, mit schneller Hand und geübtem Blick wurde eine Fototasche herausgenommen und ihm übergeben. Professionell verstand er das Etui zu öffnen, in Windeseile lag eine offenbar teure Kamera in seinen Händen. Zwei, drei Schritte nur, schon standen Bonnie and Clyde jetzt an meinem Peugeot 203, tänzelten konspirativ um die senile Staatskarosse und lächelten einander wissend zu. Jetzt galt es einzugreifen. Ich nahm meinen ganzen Mut zusammen und rief: »Was machen Sie da? Dieses Auto hat eine Alarmanlage!« (Was natürlich völliger Unsinn war, aber ich dachte, das könnte Eindruck schinden.) Beide drehten sich etwas erschrocken zu mir um, und der Mann sagte: »Ich wollte nur ein Foto machen. Hätten Sie etwas dagegen?« Er lächelte entspannt und schob nach: »Ist das Ihr Auto?« Erst war ich etwas perplex, dann aber kamen wir ins Gespräch, und mein Misstrauen verflog ziemlich schnell. Mit jedem Satz wurde das Pärchen netter, und so erfuhr ich nicht nur, dass der schwarze Golf natürlich ihnen gehörte, er eigentlich aus Duisburg beziehungsweise Düsseldorf stammte, jetzt beide aber in Paris lebten und nach einer Woche Meditation gerade im Aufbruch waren. Dort würde man nur noch selten einen Peugeot 203 auf der Straße sehen, aber erkannt hätten sie ihn natürlich sofort. Und ein so gepflegtes Exemplar sei wirklich selten, auch in Frankreich. Natürlich machte mich das ein bisschen stolz, und während Monsieur ein paar Bilder von meinem Auto schoss, schrieb mir Madame Adresse und Telefonnummer auf. Ich sollte doch mal nach Paris kommen und sie besuchen, man würde sich sehr freuen. Zum Schluss machte er ein Polaroid, durch die Scheibe der Fahrertür auf das Lenkrad, das er im Ensemble mit der Blumenvase besonders schön fand. Dieses Bild schenkte er mir, und unsere Wege trennten sich. Besucht habe ich beiden natürlich nie.

Viele Jahre später fand ich in einer Klarsichthülle, die artig in einem Ordner mit Unterlagen aus der Meditationsakademie abgeheftet war, eingelegt in einem Handbuch mit Zeichnungen für Yoga-Übungen, diesen Zettel wieder. Mit Namen und Adresse in Paris.

Und dazwischen das schöne Polaroidfoto von meinem Auto.

Gemacht hatte es Peter Lindbergh.

# Sei schlau, sei doof!

8 Jahre • 2 Stühle • 1 Meinung

*Die Decke des Aufzugs mit ihren vielen kleinen Lämpchen blitzt wie ein Sternenzelt und soll vielleicht schon Stimmung dafür machen, dass man dem Himmel gleich ein bisschen näher sein wird. In raschem Tempo geht es hinauf in 181 Meter Höhe, zum Restaurant im Münchner Olympiaturm. Die großen Fenster geben den Blick frei auf den Olympiapark, auf seine runden Hügel, den See, die Olympiahalle und das Stadion. Dort trat Olli Dittrich gemeinsam mit Wigald Boning als »Die Doofen« auf. Die Aussicht auf den Veranstaltungsort aus luftiger Höhe erfreut ihn, interessanter findet er indes die Frage, ob man von hier*

*oben den alten Flughafen München-Riem erspähen könne. Olli bestellt Fleischpflanzerl, er ist ein bekennender Liebhaber der bayerischen Küche. Über »Die Doofen« zu sprechen macht ihm sichtlich Spaß – ebenso wie der anschließende Besuch im »Rockmuseum« des Olympiaturms, das gleich neben dem Restaurant liegt. Zwei Exponate begeistern ihn besonders: das über und über mit kleinen Spiegeln verkleidete Piano Elton Johns – und ein Foto, das John Lennon, Yoko Ono und Karel Gott zeigt. Fabelhaft, findet er.*

**Einverstanden, wenn wir mit ein paar schnellen Fragen beginnen?**
Klar, leg los.

**Ein großer Moment der »Doofen«?**
Die Auftritte im Münchener Olympiastadion? Ja, klar. Unbedingt. Wir hatten mit dem großen Erfolg der »Doofen« ja nicht gerechnet, dementsprechend gab es schon einige Augenblicke, die einigermaßen überwältigend waren. Einer, der auf jeden Fall hervorsticht, war der Tag, an dem wir »Take That« vom Platz 1 der deutschen Album-Charts verdrängten. Das war schon vollkommen irreal. Und anschließend das Gleiche mit der Single »Mief«. Ein deutscher Act, der zeitgleich Album- und Single-Verkaufscharts anführt, das war und ist nicht gerade alltäglich. Plötzlich waren wir nicht mehr nur ein Komikerduo, sondern Popstars.

**Dann hatten »Die Doofen« wahrscheinlich auch Groupies?**
Meinst Du das ernst?

**Warum nicht?**
»In Bed with Die Doofen«? Du hast ja Vorstellungen. Willst Du ein Beispiel dafür, wie das damals aussah?

**Bitte.**
Anlässlich des zweiten »Doofen«-Albums »Melodien für Melonen« machten wir eine kleine Tournee. Da ist von

Sex, Drugs and Rock 'n' Roll nicht viel übrig, wenn Du unter frenetischem Gekreische auf die Bühne kommst, und in den ersten vier Reihen sitzen nur Minderjährige in Begleitung ihrer Erziehungsberechtigten. Kinder waren unsere größten Fans, und man fragte sich ernsthaft: Woher kennen die uns eigentlich? »Die Doofen« fanden bis dahin ja nur in »RTL Samstag Nacht« statt, zu einer Uhrzeit, zu der jedes Kindergarten- und Grundschulkind seit Stunden im Bettchen schlummert. Aber sie konnten jede Liedzeile auswendig, unglaublich. Auch Zeilen wie: »Tuff, Tuff, Tuff, wir fahren in den Puff.« Daneben saßen die Eltern und sangen mit. Großartig.

**Könntest Du den Satz beenden: Ohne »Die Doofen« ...**
... wäre ich heute nicht da, wo ich bin? Ja, das stimmt sicher in gewisser Weise. Allerdings trifft es auch auf die erfolglosen Jahre davor und alles, was danach kam, zu, denn alles baut ja doch irgendwie auf allem auf. Ohne »RTL Samstag Nacht« hätte es nie »Die Doofen« gegeben. Und ohne Dreksler, Balder, Conrad und George Glück nie die Möglichkeit, »Die Doofen« regelmäßig zu präsentieren. Was die Grundlage des Erfolgs war. Wenn man so will, waren »Die Doofen« der Urknall jedweder, heute handelsüblichen Marketingkooperation zwischen dem Medium Fernsehen und der Tonträgerbranche. Mittlerweile seit Jahren Basis aller Castingshows. Eine Art Dauerpromotion, wenn man so will. In dieser Konsequenz gab es das vor uns definitiv noch nicht, in dieser Größenordnung bleibt es bis heute eine Ausnahme. Aber – alte Binsenweisheit – die beste Werbung für ein Produkt ist das Produkt. Wigald und ich erreichten förmlich über Nacht ein riesiges Publikum, und das hatte sicher nicht nur mit

der Verpackung oder der perfekten Plattform zu tun. Wir waren halt unbekümmert, konnten unsere Talente zusammenwerfen und waren zur richtigen Zeit mit der richtigen Sache am richtigen Ort. Und hatten eine regelmäßige Show! Was für ein Fest! Was für eine Chance! Nach all den Jahren der Flops veränderte die Zeit, in der ich bei »RTL Samstag Nacht« und mit Wigald als »Die Doofen« aktiv war, mein eigenes Berufsbild als Unterhaltungskünstler gewaltig.

### Warum?

Ganz grundsätzlich setzte die Freundschaft und Zusammenarbeit mit Wigald in meiner künstlerischen Laufbahn viel in Bewegung. Nach der Lehre als Theatermaler, den sieben Jahren bei der Plattenfirma Polydor, den Tingeljahren mit Oldiekapellen und insbesondere nach meinem Misserfolg als Popsänger »TIM« hatte ich eine Achterbahnfahrt des Suchens hinter mir. Wirtschaftlich ging es mir miserabel. Wie sollte es nur weitergehen? Ich war

*TIM, Happy New Year, 1989*

schon über Dreißig. Keine klare künstlerische Identität. Hier mal was gemacht – da mal was gemacht. Als ich Wigald kennenlernte, befand ich mich an einem Punkt, an dem ich zwar sehr genau wusste, was in meinem Leben alles NICHT geklappt hatte, nicht aber, was denn mal klappen könnte. Und vor allem: wie. Mit dem »TIM«-Projekt bin ich – unabhängig vom künstlerischen Inhalt – wahrscheinlich auch gescheitert, weil ich es nach mühevollem Ausstieg aus den festen Arbeitsverhältnissen zuvor und dem unbedingten Willen, die hart erkämpfte Freiheit künstlerisch zu rechtfertigen, total verkrampft und verbissen angegangen bin. Ein handwerklich wirklich gut gemachtes Album, mit Udo Arndt als Produzent – DEM Producer und Tonmeister jener Tage –, mit Musikern wie Peter Weihe und Curt Cress. Aber auch mit einem introvertierten, ängstlichen, unsicheren »TIM«, den man aus jeder gesungenen Zeile heraushören konnte.

*TIM, Polaroid, 1989*

Mein humoristisches Talent, mein Mut zur Anarchie und somit auch jene Leichtigkeit, wie sie die Arbeit von Wigald und mir später prägte, blieb komplett außen vor. Wigald hingegen zweifelte nie. Als ich ihn kennenlernte, beeindruckten mich seine Frechheit, seine Intelligenz, seine Formulierungskunst und sein unerschütterliches Selbstbewusstsein. Wie konnte jemand nur ernsthaft einen Vortrag über Rührei, elektrische Garagentore und die Radkappenflucht am Opel Astra halten? Seine Originalität und einzigartiger Witz waren das eine, was meinen Nerv traf. Seine Selbstsicherheit das andere. Seine komische Wirkung auf Menschen war ihm zu einhundert Prozent bewusst, er war – und ist – ein Meister des Moments, dem es nie an originellen Gedanken mangelt. Im Grunde haben wir uns damals gesucht und gefunden. Meine Qualitäten setzen genau da an, wo seine enden – und umgekehrt. Und Ideen hatten wir ja jede Menge. Mehr noch: Wir hatten jeder einen irrsinnigen Spaß an dieser Ergänzung, an der gegenseitigen Herausforderung, auch daran, den anderen ständig zu überraschen. Eigentlich jeden Tag. Schon etwa ein Jahr vor dem Casting von »RTL Samstag Nacht« lernten wir uns über Ulf Krüger kennen. Ulf hatte ihm mein Allererstlingswerk – damals schon mit dem Titel »Olli, Tiere, Sensationen« – einer kruden Episodenparade, die ich mit meinem Bruder Markus und einer vom Offenen Kanal geliehenen Kamera anfertigte, gezeigt. Da sah man mich zum Beispiel als Yogi »Ali Bengali«, der in einem Wäschekorb sitzend mit einer Blockflöte die »gefährliche Kreuzotter« – meinen rechten Fuß mit Karo-Kniestrumpf – beschwören konnte, als »Olli Bond« – »Null Null-Agent mit der Lizenz zum Tröten« oder als »Karl Magerfeld«, der aus Plastiktüten und Sperrmüll gefertigte Modelle der Herbstmode präsentierte; wie das Modell »Schockemöhle« mit Wassergraben im Dekolleté oder den Anzug »Sedlmayr«, bei dem »frische Unterwäsche aus Hefeweizen geschickt die Weißwurst im Schlafrock« verdecken konnte. Besonders begeistert war er von der Modenschau. Ich kannte von Wigald nur einige Takes, die er im Rahmen der Chart-Sendung »Airplay« für Premiere gemacht hatte. Großartiges Zeug, völlig gaga. Da stand er vor einer 15 m hohen, gebogenen Straßenlaterne und moderierte in die Kamera: »Diese Giraffe ist verhungert.« Dann kam ein aus dem Stegreif druckfertig formuliertes, anklagendes Plädoyer zum Thema Tierhaltung. Unglaublich. Ulf gab mir also Wigalds Telefonnummer. Ich rief ihn an, und wir verabredeten uns. Ich werde nie vergessen, wie aufgeregt ich war, als er mich erstmals in meinem WG-Zimmer in der Güntherstraße aufsuchte. Zuvor hatte ich unten im Croque-Laden an der Ecke noch drei Flaschen Bier gekauft, es war mein letztes Geld, kein Witz. So saßen wir herum, erzählten uns ein bisschen was, und am Ende, nachdem er ausgetrunken hatte, sagte Wigald: »Na, dann kann's ja losgehen.« Ich weiß noch, wie irritiert ich war. Diese Klarheit, diese Unkompiziertheit. Er war so direkt und mühelos, es gab einfach keine Zweifel. Das war wirklich imponierend. Wenige Wochen später drehten wir unseren ersten »Mehrteiler« für »Airplay« bzw. »Bonings Bonbons«, eine andere Sendung, die er im unverschlüsselten Fenster bei Premiere hatte. Von Anfang an war immer klar: Er ist und bleibt Boning, ich bin eigentlich gern jedes Mal ein anderer. Mittlerweile hatte ich auf meinem Dachboden allerhand Verkleidungsplunder in Schuhkartons und Koffern gesammelt und verschiedene Verwandlungen probiert. Daheim, vor dem Spiegel, einfach so, aus Blödsinn. Und Hörspiele aufgenommen. Mit verstellten Stimmen und meiner 4-Spurmaschine in zig Rollen beknackte Szenen erstellt. Nun also der erste RICHTIGE Dreh. Ich kostümierte mich komplett zu Hause. Anzug, Fliege, Trenchcoat, Spitzbart und Brille. Als Gehstock diente ein alter Schirm, dessen Knauf das Aussehen eines Entenkopfes hatte. Ich nannte mich »Paolo Schröder« von der italienischen Spezialklinik in »Ospedale« und gab vor, Herzspezialist zu sein, der bereits einem halben Hähnchen erfolgreich einen Herzschrittmacher eingesetzt hat. So verkleidet fuhr ich mit Bus und Bahn zum Congress Centrum Hamburg, wo Wigald und das kleine Drehteam schon warteten. Dann drehten wir den ganzen Nachmittag einen lustigen Quatsch nach dem anderen. Er moderierte einen Song an, zuvor ein kleines Interview mit Paolo Schröder, Locationwechsel, nächster Song. Das war der Anfang. Bevor wir zu »RTL Samstag Nacht« kamen, drehten wir so – zusammen mit Walter Thielsch, einem großartigen Konzeptkünstler und Freund von Wigald – ungefähr hundert solcher Spots. Dazu machten wir auch mal eine Drehreise nach Teneriffa oder Lanzarote und filmten fünf Tage am Stück. Ich hatte eine große Aluminiumkiste mit Verwandlungskrempel dabei und Wigald stets ein Handmikro. Mehr brauchten wir eigentlich nicht. Der heute sehr bekannte Film-Kameramann Eckehart Pollack setzte uns ins Bild, Andreas Pietsch-Lindenberg machte den Ton. Zu fünft fuhren wir durch die Gegend. Dann hieß es: »Lass doch mal da hinten anhalten. Da sehen die Berge lustig aus, und das Licht ist auch gerade spitze.« Wigald und ich überlegten kurz, ich kombinierte eine Verkleidung aus meiner Requisitenkiste und los ging's. Immer improvisiert, fast nie wurde etwas wiederholt. Wenn ich es recht bedenke, war das damals die größtmögliche Freiheit im Geiste, die man besitzen konnte. Die Filmchen waren zwar oft nur wirres Gekaspere – manchmal ohne wirklichen Sinn und Handlung –, gehören aber sicherlich zu den innovativsten filmischen Dokumenten, die ich jemals hergestellt habe. Alles war erlaubt. Ohne Blick auf Quote oder einen Redakteur, der sagt: »Da müssen wir die Leute anders abholen, das versteht der Zuschauer nicht.« So ohne jede Strategie und voller Hingabe zu gestalten, dem Talent und der Inspiration derart konsequent freien Lauf zu lassen, das tun eigentlich nur kleine Kinder, wenn sie spielen. Für mich hatte das eine unglaublich befreiende Wirkung, es machte mich regelrecht glücklich. Kein Zähneausbeißen an erfolglosen Projekten, kein Grübeln, kein verkniffenes Wegwerfen wie so oft in den Jahren zuvor. Einfach drauflosgestalten, ohne Bedenken und Zensur. Eine für mich gänzlich neue Erfahrung. Fortan saßen wir häufig, manchmal täglich, zusammen und tauschten irgendwelchen Unsinn aus. Skizzen für TV-Serien, die nie gedreht werden würden, Ideen für Filme und Fernsehsendungen. Wobei das tatsächliche Realisieren dieser Konzepte gar nicht im Vordergrund stand. Es hatte vielmehr etwas vom Gedanken »Das müsste man mal machen«. Der Hauptspaß lag eigentlich darin, sich anzustiften, zu beflügeln, einfach gemeinsam etwas auszudenken. Das brachte einen unglaublichen Spaß. Einmal philosophierten wir darüber, ob der Besitz von viel Geld den Charakter verderbe. Ob die Credibility als Künstler gefährdet sei oder die guten Ideen flöten gingen, wenn man erst mal reich und satt sei. Um dem einen Riegel vorzuschieben, wurde ein Sicherheitsplan entworfen, was zu tun sei im Falle des kommerziellen Erfolges. Die Frage war: Wie vernichtet man am effektivsten und gleichsam kunstvollsten zum Beispiel eine Million Mark? Viele Ideen kamen auf den Tisch: für die gesamte Kohle Platzpatronen mit einer MP verfeuern. Oder einen Meteoriten kaufen, ihn aus Transportgründen aber nie abholen. Am Ende gewann der Einfall, eine Million 1-Liter-Tüten frische Milch zu kaufen und diese sich selbst zu überlassen. Ein kreativer Vernichtungsprozess, der sicher auch in der Kunstszene großen Anklang finden würde. Man hätte zunächst sogar eine Zeit lang das Gefühl, wohlhabend zu sein. Andererseits entginge man der Gefahr entstehender Dekadenz durch Reichtum aufgrund des Haltbarkeitsdatums. Dann irgendwann formulierten wir einen Freundschaftsvertrag, um – wie Wigald es nannte – »unser Verhältnis aus dem rechtsfreien Raum herauszuführen«. Und schrieben erste gemeinsame Songs, die wir mit meinem Demo-Equipment aufnahmen. Das erste Lied werde ich nie vergessen: Es hieß »Kartoffelsalat«. So saßen Wigald und ich also oft, ja fast täglich zusammen, sei es zum Mittagessen in der Cafeteria von Karstadt an der Osterstraße, bei mir in der Güntherstraße hinter der 4-Spur-Fostex oder in seinem legendären »Appartement« am Lehmweg. Dies war eine Art 1-Zimmer-Kleiderkammer, und es sah dort aus, als ob das MEK gerade einen heiklen Einsatz ohne Rücksicht auf Bewohner und Mobiliar hinter sich gebracht hatte. Mehrere rollbare Kleiderständer, an denen Hunderte bunter Hemden, Hosen, Krawatten und Jacketts auf Bügeln hingen, drängelten sich auf wenigen Quadratmetern. Zwischendrin am Boden textile Hügel bereits getragener Kleidung. Wigald erklärte mir, dass er sowieso gar keinen Geschmack habe und seine Freundin, Kostümbildnerin von Beruf, diese Art Baukasten-Anzug-Konzept erdacht hatte. Er würde jeden Morgen von unterschiedlichen Ständern je ein Hemd, eine Hose, eine Krawatte sowie ein Jackett nehmen und anziehen. Fertig. Kariert, gestreift, gepunktet. Rot, grün, blau, silber. Jede Farbe, jedes Muster war vertreten. Dazu gern Slipper der Marke »Sauro«, mit weinrotem Knautschlack-Besatz zum Beispiel und Goldschnalle obenauf. Oder Gummistiefel. Dieses Appartement, das aufgrund der Kleidungsfülle einen ähnlichen Duft hatte wie große »Second Hand«-Kleidermärkte, bot sonst keinerlei Platz mehr für andere Möbelstücke. Nur eine Matratze, umzingelt von weiteren Hügeln verwerteter Baukasten-Anzüge, ein portables Fernsehgerät sowie einige Bücher fanden mittendrin noch ihren Platz. Und – am Eingang, gleich zur Begrüßung hinter der Wohnungstür – ein lebensgroßer Pappaufsteller von Steffi Graf.

**Wigald war die Frontfigur der »Doofen«. Hattet Ihr Euch darauf von Anfang an geeinigt?**
Diese Aufteilung ergab sich automatisch, und sie war absolut richtig. Er war die schillerndere Figur, er hat die meisten Songs gesungen. Ich war der Sidekick. Auch wenn während der erfolgreichen Zeit der »Doofen« in mir manches Mal die Befürchtung und auch der Frust hochkam, im Auge des Betrachters nicht genügend wahrgenommen oder gewürdigt zu werden: Manchmal, in bestimmten Konstellationen, tut man genau das Richtige damit, eine hervorragende Nummer zwei zu sein. Wir haben so unendlich voneinander profitiert; ich von seiner Fähigkeit als Aushängeschild, als Speerspitze, als Blickfang des Duos. Und er von mir als Gegengewicht, ohne das er niemals so hätte funkeln können. Ich bin sicher, ein Solo-»Doofer« wäre nicht erfolgreich gewesen. Hätte ich damals nach außen Wigalds Platz beansprucht, wäre alles kaputtgegangen. Hinter den Kulissen war die Arbeitsverteilung ja gelegentlich auch genau andersherum, aber auch das war vollkommen unerheblich. Das Ergebnis zählte. Es galt immer: Die beste Idee wird genommen, egal von wem sie kommt. Und dass man Respekt hat vor dem, was der andere kann. Und pünktlich zur Arbeit kommt.

Außerdem hat das unbedingte Einhalten geregelter Mahlzeiten, besonders mittags, maßgeblich zum Erfolg beigetragen.

**Wer hat »Die Doofen« erfunden?**

Das waren wir beide. Und es gab schon einen Vorläufer, 1991/92. Im Rahmen eines Plattenvertrages, den Wigald noch mit einem Album für die RCA zu erfüllen hatte, haben wir mit der »Doofen«-Idee herumprobiert. Damals hieß es aber noch »Wigald Boning & die Doofen«, mit von der Partie war zu dieser Zeit aber schon Jeopard Mezei, unser Toningenieur und Co-Produzent. Ich hatte mir sogar ein paar gute Slogans für etwaige Marketingkampagnen ausgedacht, wie zum Beispiel »Wigald Boning ist doof. Fragen Sie Ihren Schallplattenhändler«. Oder »Sei schlau – sei Doof«. Der Titelsong hieß »Doof bleibt Doof (auch wenn ich Pillen koof)«. Die CD trug den sinnigen Titel »Langspielplatte« und brachte allerhand guten musikalischen Unsinn hervor, wurde aber ein Flop. Diese ganze »Doof-sein«-Ideologie wurde von der Plattenfirma überhaupt nicht nachvollzogen und kam auch ein paar Jahre zu früh. Es gab ja auch noch keine Comedyshows im Fernsehen, keine Plattform für derlei Mummenschanz, wer sollte also damit schon etwas anfangen können? Die Initiative, »Die Doofen« wieder aufzugreifen, ging dann sehr viel später, das müsste 1994 gewesen sein, von Hugo Egon Balder und Jacky Dreksler aus, den Produzenten von »RTL Samstag Nacht«. Sie baten alle Ensemblemitglieder, sich einen Beitrag für eine Parodie auf die deutsche Volksmusikszene auszudenken. Es sollten mehrere musikalische Sketche im Rahmen einer Art »Musikantenstadl«-Persiflage sein. Mirco Nontschew zum Beispiel gab

*Zeichnung von Olli Dittrich, 1991*

den schwulen Schuhplattler – grandios, unerreicht, bahn-
brechend komisch. Tanja Schumann zog als Carolin-
Reiber-Moderatorin ein riesiges, auf Rollen stehendes »R«
hinter sich her und erklärte, sie habe ihr rollendes »R«
dabei. Und wir reaktivierten »Die Doofen«. Mit einem
Song, den wir für »Langspielplatte« geschrieben hatten.
Ein Volksmusikwalzer, im »Wildecker Herzbuben«-Stil
vorgetragen, mit Wandergitarre und Blockföte. Der Song
hieß »Fiep, Fiep, Fiep« – und erzählte von Meerschwein-
chen, die ins Showgeschäft einsteigen sollten. Die »Musikantenstadl«-Parodie mit allen Comedians war der Höhepunkt der Show und ein Highlight in fünf Jahren »RTL
Samstag Nacht«. In den Wochen danach gab es immer
wieder Fragen nach den »Doofen«, und Hugo gab uns
dann regelmäßig Platz für einen neuen Song. So leicht
ging das alles plötzlich. Eine völlig neue Erfahrung.

**Inwiefern?**
Na ja, ich hatte doch jahrelang Songs für die Tonne ge-
schrieben. Keiner wollte sie hören oder veröffentlichen.
Jetzt gab es plötzlich jede Woche ein Forum. Und Publi-

*TIM Live-Band, 1989 (v.l.n.r. Olli Dittrich, Markus Schmidt, Mickie Stickdorn, Michel Löwenherz)*

kum, das nur wegen uns kam! Und das nicht, wie zum Beispiel bei meinen Stadtfest-Konzerten früherer Jahre, zufällig – mit Kind auf der Schulter und kleckerndem Würstchen in der Hand – an der Bühne vorbeiläuft. Auf einmal hatte man richtige Fans. Und es wurden immer mehr. So etwas hatte ich mir immer gewünscht, aber in all den Jahren nie erlebt. Das Projekt »TIM« mit all seinem Herzblut scheiterte nach fünf Jahren täglicher Arbeit kläglich. Schon kurz nach Veröffentlichung des Albums wurde der Vertrag gekippt. Fast trotzig spielten wir mit der Live-Band, in der übrigens damals schon Markus Schmidt, mein bester Freund und Gitarrist von »Texas Lightning«, und Jon Flemming Olsen, »Mein Ingo« aus »Dittsche«, mit von der Partie waren, noch ein paar Konzerte. Zum Beispiel in Hamburg, in der »Großen Freiheit 36«, einem Laden, in den über 1000 Leute reinpassen. Es

# Schlagersextett

**Besser als Prince!**

Überzeugen Sie
sich selbst:

am 19. und 20. März '93, 21 Uhr
im Café Schöne Aussichten

*Gorch Fock Wall 2, 2000 Hamburg 36*

Susi's Schlagersextett, Karte

# SUSI's
## Schlagersextett

v.l.n.r.:

"Der Senior"
### Knut Hartmann
Gesang und Rhythmusgitarre

\* \* \*

"Super-Ditsche"
### Oliver Dittrich
Entertainment

\* \* \*

"Der Mann mit dem goldenen Hörnchen"
### Michael Prott
Saxophon, Orgel und Gesang

\* \* \*

"Frau Susi"
### Martina Frese
Sologesang

\* \* \*

"Der Repertoire-König"
### Ralf Hartmann
Gesang und Sologitarre

\* \* \*

"Der singende Arzt"
### Christian Kieviet
Gesang und Schlagzeug

\* \* \*

"Der Teenager in Love"
### Martin Wichmann
Gesang und Baßgitarre

Susi's Schlagersextett
c/o a.p.e. concerts, Postfach 201717, 2000 Hamburg 20, Tel.: 040-8504160

*Die Rückseite der Autogrammkarte*

kamen 14 zahlende Gäste. Eine furchtbare Erfahrung, ein echter Tiefpunkt. Alle großen Selbstzweifel kamen wieder hoch und kurze Zeit später löste ich die Band auf. Aber auch in den Zeiten mit »Tina & die Caprifischer« oder »Susi's Schlagersextett« blieb eine derartige Dynamik, wie ich sie jetzt mit »Die Doofen« erlebte, natürlich aus. Es gab sicher viele Auftritte, bei denen das Publikum begeistert war, gar keine Frage. Und Zugaben musste ich auch schon mal geben, so ist es ja nicht. Im Grunde waren diese Jahre ja sogar meine Lehrzeit als Bühnenkomiker, die ich nie und nimmer missen möchte. Beim »Schlagersextett« beispielsweise habe ich meine Aufgabe als Conferencier und Sänger häufig und mit zunehmender Begeisterung mit unberechenbaren Stegreifvorträgen ausgeweitet und das bisweilen ratlose Publikum, aber auch die geduldigen Kollegen nicht selten auf eine harte Probe gestellt. Und dann diese zahllosen Abenteuerreisen in klapprigen Bandbussen über Land, Sommer wie Winter, das hatte schon was, unbedingt. Zu siebt im VW-LT plus Anlage, Instrumenten und Kleidersäcken. Zusammengepfercht auf engstem Raum, Hunderte von Kilometern. Was ich da an Stadtfesten, Zahnärztebällen, Karnevalsveranstaltungen, Bierzelten oder im Unterhaltungsprogramm auf Schiffen weggetingelt habe, unglaublich. Bis zu 130 Shows im Jahr haben wir da absolviert. Aber als ich Wigald kennenlernte und über ihn zum Casting für »RTL Samstag Nacht« kam, betrat ich eine völlig neue Welt.

»Jetzt fährt man da mal hin und hat ein bisschen Spaß«, dachte ich, als ich mit meiner Alukiste voller Verkleidungskleinkram nach Köln fuhr. Nie im Leben dachte ich daran, dass irgendjemand ernsthaft bereit sein könnte, mich für eine Show im Fernsehen zu engagieren.

**Was, glaubst Du, haben Hugo Egon Balder und Jacky Dreksler sich von Dir versprochen, als sie Dich ins Ensemble holten?**

Wirklich beantworten können natürlich nur sie die Frage. Ich glaube aber, auf die Mischung kam es ihnen an. Jedes Ensemblemitglied erfüllte einen besonderen Part, und jeder hatte Qualitäten, die kein anderer hatte.

**So begann alles, bald waren »Die Doofen« geboren und sangen Texte wie: »Ich bau Dir ein Haus aus Schweinskopfsülze« oder »Der Große-Onkel-Quetschungs-Blues«. Eure Lieder habt Ihr immer mit den Worten angekündigt: »Aus dem Zyklus: Lieder, die die Welt nicht braucht.« Und so hieß auch Euer erstes Album, das 1995 erschien. Wessen Idee war es, eine Platte zu machen?**

Ich hatte das Gefühl, in den Songs steckt für uns – auch unabhängig von »RTL Samstag Nacht« – eine große Chance, und die sollten wir nicht verpassen. »Die Doofen« waren im zweiten Halbjahr 1994 in nahezu jeder Sendung aufgetreten. Ich mit Gitarre, Wigald meist mit einem Blasinstrument und der Spülbürste als Mikro. Als sich die Staffel dem Ende näherte, besprachen Wigald und ich, ob es nicht Sinn machen würde, ein Album herauszubringen. Es war relativ schnell klar, dass man nicht einfach nur die Aufnahmen aus der Show auf einer der üblichen Merchandising-CDs veröffentlichen sollte, sondern dass es Sinn und Spaß macht, der ganzen Sache einen gehörigen Mehrwert zu verschaffen. Dass man die Songs ausbauen und ihnen richtige Arrangements verpassen müsste. Wir waren Feuer und Flamme. Ein neues spannendes Betätigungsfeld! Also nutzten wir die Sendepause

*Studio JeoPark, Doofen-Album, 1995*

und gingen im Februar mit Jeopard ins Studio. Wigald besaß im Grunde nur eine Querflöte und ein Saxofon, beides kann er famos spielen. Doch das reicht nicht für ein ganzes Album, vor allem wenn man den Ehrgeiz hat, alle Playbacks selbst zu spielen! Also kaufte er eine Tuba, ein Fagott, eine Trompete und eine Klarinette. Und eine Kindergeige, an der auch während der mühsamen Einspielungen das Preisschild baumelte. In Windeseile schaffte er sich die unterschiedlichen Blasinstrumente drauf, nicht wirklich perfekt, aber mit dem großen Know-how eines studierten Musikanten. Teilweise klang es durchaus richtig schaurig, einfach weil die geschliffene Technik jahrelangen Übens fehlte. Aber genau das prägte auch den »Doofen«-Sound. Jeopard, der Tonmeister und Co-Produzent, spielte ein paar kecke Orgeln, ich steuerte im Grunde den großen Rest, die Grundplaybacks bei. Also Gitarren und Schlagzeug, auch mal ein Piano oder Chorsätze. So

entwickelten wir zu dritt eine ganz spezielle Vorgehens-
weise der musikalischen Inszenierung, die nicht selten
davon geprägt war zu überlegen, was einerseits gewohnt
schlagermäßig, andererseits gekonnt unbeholfen, ent-
gleist oder einfach schlicht lustig klingen würde. Stellvertretend sei hier das Trompetensolo auf »In der Hitze der
Nacht« genannt. Noch heute muss ich sofort lachen,
wenn die ersten Töne kommen. Dazu ein Playback, das
gerade noch wiedererkennbar mit der ganzen Größe coo-
ler Bluesaufnahmen aus dem St. Louis der 20er-Jahre
kokettiert, aber restlos jämmerlich dagegen abstinkt.
Timingschwankung in der Hi-Hat, klapprige Tomfills.
Dazu ein Text, der durch die Hingabe des Gesangsvortrags
Großes behauptet, mindestens bei Gershwins »Summer-
time« angreift, aber komplett belanglos ist und am Ende
mit einer kläglichen Pointe zusammenklappt. Da muss
man einfach sehr lachen. Wie bei einer Schülerband, die
mit billigen Kaufhausgitarren versucht, die Hits von
»Earth, Wind & Fire« nachzuspielen. Darum ging es ja
fast immer bei den Songs der »Doofen«: entweder komplett gaga zu sein oder eine kühne Behauptung aufzustel-
len, die Klappe weit aufzureißen und dadurch mit allen
einfach Spaß zu haben. Es ist diese spezielle Komik, die
allem innewohnt, das besonders dann laut daherkommt,
wenn der mickrige Kern einfach nicht mehr zu übersehen
ist. Eine Form der Ironie, die mir besonders gut gefällt. In
den 80ern und Anfang der 90er tauchte bei der Vierschan-
zentournee ein Mann mit dem Nickname »Eddie the
Eagle« auf. Er war der schlechteste Skispringer aller Zeiten. Bevor er oben an der Rampe absprang, zitterte er vor
Angst. Der Mann trug eine Brille mit Gläsern, so dick wie
Flaschenböden, hatte eine vergurkte Visage und einen

absolut untauglichen Skispringer-Body, der in dem professionellen, glänzenden Körperstrumpf noch lächerlicher aussah. Und er wurde stets Letzter. Seine Abfahrt von der Schanze war zeitlupenhaft langsam und wurde von frenetischem Jubel begleitet. Eddie sprang ab und setzte unmittelbar wieder auf. Stets hatte man den Eindruck »Gott sei Dank, gerade noch mal gut gegangen, ihm ist nichts passiert«. Aber: Der Mann war ein absoluter Star, die Leute haben ihn geliebt. Als ich irgendwann einmal – ich glaube im »Stern« – ein Foto sah, auf dem »Eddie the Eagle« nur in Badehose mit Siegerlächeln lässig am Pool lag, umringt von sexy Bond-Girls, bin ich vor Lachen fast vom Stuhl gefallen. Genauso übrigens, als ein Feministinnenverband – ich glaube aus Berlin – allen Ernstes eine flammende Anklageschrift verfasste, weil in unserem Lied »Mief –Nimm mich jetzt, auch wenn ich stinke« Machogehabe dominiere und gezielt frauenverachtende Ideologien verbreitet würden.

Da dachte ich mir: Leute, wir heißen doch schon »Die Doofen«, haben sehr, sehr alberne, bunte Sachen an, spielen auf Kinderinstrumenten und singen in eine Spülbürste. Jetzt noch ein Schild mit der Aufschrift »Vorsicht, Ironie!« dazuzustellen, dafür ist auf der Bühne einfach kein Platz mehr.

**Als der Massenerfolg der »Doofen« einsetzte, gab es über Euch auch Schlagzeilen wie: »Die blödeln sich reich!«**
Es wurde sicher noch mehr in dieser Richtung gedruckt, aber so genau weiß ich das nicht mehr. Irgendwann bekamen wir von unserer Presseagentin Gaby Allendorf mal einen Pressespiegel, einen kleinen Zwischenstand der ver

öffentlichten Artikel. Das waren mehrere sehr dicke Bücher mit fotokopierten Zeitungsausschnitten, die habe ich aber gleich wieder weggelegt. Wer soll denn das alles lesen und vor allem: wann? Wir waren ja dauernd unterwegs. Man lernt, dass man auch in Sachen Kritik nichts so heiß essen sollte, wie es gekocht wird.

**Wirklich?**

Unbedingt. Die Prozesse, die wir mit den »Doofen« durchlaufen haben, gleichen allen Erfolgs- und Misserfolgsgeschichten. Anfangs will Dich keiner haben. Wenn Du hartnäckig genug bist, Dich nicht beirren lässt, bekommst Du vielleicht eines Tages eine Chance. Dann wirst Du womöglich irgendwo bemerkt und vom Publikum entdeckt. Wenn was dran ist an Deiner Kunst, spricht sich das herum, Deine Zeit ist gekommen. Dann werden es immer mehr, und Du wirst bekannt. Du bekommst eine Plattform, man nimmt Dich schneller in größerem Umfang wahr. Und Du wirst zu einem Wirtschaftsfaktor. Jeder will Dich haben, und überall da, wo die Türen stets verschlossen waren, stehen die Türsteher stramm und breiten schon von Weitem die Arme aus. Kommst Du ihnen näher, hörst Du sie sagen: »Wir haben es immer schon gewusst. Tut mir leid, dass ich Dich damals nicht reingelassen habe, aber mein Chef hat es mir verboten.« Dann setzt die Phase ein, in der Du breitenwirksam zum Dauerbrenner wirst, der überall zu sehen und zu hören ist. Dann irgendwann bist Du manchem langsam zu viel, fängst an zu nerven und es heißt: »Na, jetzt ist dann aber auch mal gut« und: »Ach, die schon wieder.« Und zu jeder Zeit, in fast jeder dieser Phasen kommentiert die Journaille. Anfangs entdecken sie Dich und loben, dann bist Du

»Kult« (was immer das sein mag), weil Du klein und sperrig bist, gegen den üblichen Mainstream. Dann werden Dir interessanterweise auch Ironie, Hintersinn und Kunstfertigkeit zugestanden. Wenn die Massentauglichkeit einsetzen sollte, die große Präsenz auf breiter Ebene, die Stückzahlen über die Theke gehen, verwirkst Du diese Differenzierung nicht selten im Auge der professionellen Kritik. Wir haben erlebt, dass sich innerhalb weniger Wochen die Beurteilung der »Doofen« in ein und derselben Zeitung komplett gedreht hat. Obwohl sich an uns und unserem Werk ja gar nichts geändert hatte. Wir waren nur einfach dauernd zu sehen und plötzlich kommerziell erfolgreich. Gestern noch »pfiffige, intelligente Texte in der Tradition von Schobert & Black«, Ulrich Roski oder »Insterburg & Co«, heute »oberflächlicher Klamauk«. Aber wie gesagt: Das meiste verblasst, manches vergisst man auch sofort wieder. Die Abfuhr oder ein Verriss eines Kritikers ist nichts, was man sich unbedingt wünscht, aber so schlimm sind sie auch nicht. Mit ablehnenden Reaktionen habe ich lange gelebt, schon bevor die ersten Erfolge kamen. Mein kurzes Dasein als »TIM« ist ein Beispiel dafür. Auch sonst war mein Weg mit Niederlagen gepflastert, das darf man ruhig mal so sagen: Dazu gehört auch die Zeit bei Polydor, die Konflikte mit meinem Vorgesetzten. All das war härter, als ein Publikum zu erreichen, das eben auf unterschiedliche Weise reagiert. Dass nicht jeder begeistert aufschreit, gehört dazu. So zu denken hängt vielleicht auch damit zusammen, in welchem Lebensalter einem Erfolge widerfahren und welche Schlüsse man daraus zieht. Ich war ja weit über 30 Jahre alt, als ich durch »RTL Samstag Nacht« bekannt wurde, hatte schon einiges hinter mir, da misstraut man irgendwann den allzu lauten Claqueuren ebenso wie den engagierten Buhrufern. Der Euphorie des Erfolgs genauso wie dem befürchteten Absturz durch einen Flop. Irgendwo in der Mitte liegt die Wahrheit. Es geht sowieso auf und ab. Aber immer weiter. Das ist das Schöne. Wirklich neu für mich war zu dieser Zeit, was passiert, wenn eine wirkliche Fanbewegung entsteht. Wir bekamen mitunter sehr persönliche, liebevoll gestaltete und rührende Fanpost: lange Briefe, Gedichte, von Hand genähte oder gestrickte »Wigald und Olli«-Kasperpuppen in Karo-Anzügen. In meinem Proberaum stehen noch ein paar Kartons, die bis zum Rand mit diesen Zusendungen gefüllt sind. Schöne Erinnerungen. Andererseits konnte man auch unangenehm überrascht werden, wenn zum Beispiel plötzlich Trauben von Kids vor der Haustür warteten, bis man mal herauskommt. Ich weiß noch, wie meine damalige Freundin, mit der ich auch zusammenwohnte, meinte, durch die Milchglasscheibe unserer Wohnungstür mehrere Schatten und komisches Geflüster wahrgenommen zu haben. Tatsächlich: Da hatten es zehn vorpubertierende Mädchen geschafft, ins Haus zu kommen. Wie ich durch den Briefschlitz erkannte, hatten sie ihre Schuhe ausgezogen um möglichst geräuschlos nach oben in den fünften Stock zu gelangen. Nun saßen sie da, auf der Treppe, auf dem Flur, um die Fußmatte herum. Ich wusste gar nicht, was ich machen sollte. Dann fingen sie leise an, die »Doofen«-Lieder zu singen. Von überwundener Scham beflügelt, immer lauter, zuletzt »Mief« mit Schmackes. Und dann das Ganze wieder von vorn. Da war der Erfolg also zu Hause angekommen, dachte ich. Was macht man jetzt? Rausgehen und mitsingen? Die Damen auf eine Tasse Kaffee einladen? Die Tür aufreißen und die Combo wegjagen? Das waren doch jetzt MEINE Fans, das kann man doch nicht machen. Oje oje oje, ich wusste wirklich nicht weiter. Also tat ich so, als sei ich nicht da. Puuh. Meiner Freundin, die längst wieder am anderen Ende der Wohnung war, deutete ich mit vor verschlossene Lippen gehaltenem Zeigefinger an, bloß leise zu sein. Sie schüttelte verständnislos den Kopf und verschwand in der Küche. Auf allen vieren robbte ich ihr hinterher. Ungelenk unter der Türverglasung durch, den acht Meter langen Korridor entlang, damit mich um Himmels willen keiner sieht. Ein Bild, wie man es aus Berichten vom Grundwehrdienst der Bundeswehr kennt. In der Küche angekommen, schloss ich leise die Tür von innen. Ich setzte mich auf den roten Ikea-Klappstuhl und dachte nur: »Was machst Du hier eigentlich?« Irgendwann waren die Mädels weg, und ein Nachbar erzählte mir einige Tage später voller Stolz, er habe ihnen gesagt, dass »der Olli Dittrich hier schon lange gar nicht mehr wohnt«. Und: »Der ist jetzt Millionär und hat eine Villa in Blankenese« habe er ihnen mitgeteilt. Dann seien sie abgezogen. Wigald ging es sicher aber noch viel schlimmer damit. In der Hohezeit von »RTL Samstag Nacht« und »Die Doofen« war es ausgeschlossen für ihn, zu mittäglicher Zeit, also nach Schulschluss, zum Beispiel zu McDonald's zu gehen. Noch nicht einmal daran vorbei. Ich habe selbst miterlebt, dass Kids, die uns durch die Glasscheibe erspähten, im Restaurant ihre McNuggets fallen ließen und in Horden schreiend hinter uns herrannten. Wobei ich eigentlich – außer bei Auftritten – eher unscheinbar gekleidet war und allein auch ganz sicher nicht bemerkt worden wäre. Wigald war definitiv der Blickfang, er sah ja immer aus wie ein Feuermelder.

Dass wir diesen Erfolg hatten, war für uns natürlich

großartig, denn damit taten sich auch Chancen auf, mit interessanten Leuten zusammenzuarbeiten, Ideen umzusetzen, mit denen man sonst vielleicht schon auf halber Strecke nicht weitergekommen wäre. Für unser zweites »Doofen«-Album nahmen wir zum Beispiel eine Coverversion des »Queen«-Hits »We are the Champions« auf. So etwas musst Du natürlich autorisieren lassen und den Text plus Übersetzung vorlegen. Er hieß bei uns »Wir sind die Doofen«. Und das war eigentlich schon der ganze Text: »Wir sind die Doofen, mein Freund. Wir sind die Doofen mein Freund. Wir sind die Doofen, wir sind die Doofen. Doooof, doooof, doooof, doooof, von der Welt!« Eigentlich vollkommen ausgeschlossen, dass man dafür eine Freigabe erhält. Aber wir hatten das Glück und die »Torpedo Twins« auf unserer Seite. So nannte nämlich Freddie Mercury die beiden Wiener Videoclip-Regisseure Hannes Rossacher und Rudy Dolezal, mit denen wir damals auch arbeiteten. Sie drehten mit uns sechs bahnbrechende Videoclips und eine großartige Dokumentation mit dem Titel. »Vier Fäuste für ein Halli-Hallo!« Also rief Rudy einfach »Queen«-Gitarrist Brian May an, erzählte ihm, wer wir sind und was wir so treiben. »Der Mann hat einen goldenen Humor«, meinte Rudy nur, und wir bekamen auf dem kleinstmöglichen Dienstweg sein persönliches Okay. Mit George Glück hatten wir einen anderen ganz großen Mann an unserer Seite, den ich seit den frühen 8oer-Jahren kenne und sehr schätze. Mit ihm hatte ich schon zu Polydor-Zeiten als Productmanager zu tun. Er war Verleger des »TIM«-Albums, und wir haben Jahre später auch das »Texas Lightning«-Album und meine CD »11 Richtige« realisiert. Auf seinem damaligen Label »SingSing-Records« erschienen beide »Doofen«-Alben und ohne sein Know-how und die irrsinnige Leistung seiner kleinen Mannschaft, mit Goldstück Anja Scheding an seiner Seite, hätten wir ganz sicher 25 Prozent weniger Alben verkauft. Bis heute hat George das Herz und das Gespür für Qualität und Dimension. »Think Big« könnte ein von ihm erfundener Spruch sein. Sein Geheimnis ist: Er ist einfach besser als die meisten. Er erkennt Größenordnungen schon im Keim. Und riskiert genau zum richtigen Zeitpunkt. Ich brachte ihn damals mit Marc Conrad, dem RTL-Programmchef, zusammen, und wir beschlossen gemeinsam, wie das Projekt »Die Doofen« vernünftig zu lancieren sei. Marc Conrad ist ein ähnliches Kaliber wie George, ein großartiger Visionär und Macher, den ich von Anfang an sehr geschätzt habe. Er hat sich immer hinter uns gestellt und erkannt, dass ihm ein erfolgreicher Act »Die Doofen« am Ende eine höhere Quote in der Herbststaffel von »RTL Samstag Nacht« bescheren würde, und so war es am Ende ja auch. Was für eine großartige Zeit! Was für tolle Leute um einen herum! Was für ein Spaß! George brachte uns dann auch noch mit dem Konzertveranstalter Marek Lieberberg zusammen, der ein echter Fan von »Zwei Stühle – Eine Meinung« war. Es ging jetzt auch um eventuelle Live-Performances der »Doofen«, die anstehen könnten. Das Musikgeschäft der Neunzigerjahre war sehr geprägt von Mega-Konzertveranstaltungen. Michael Jackson tourte weltweit mit »History«, einer der gigantischsten Live-Produktionen aller Zeiten. Grönemeyer, Westernhagen, die »Rolling Stones«, »Bon Jovi« waren auf Tour durch die großen Stadien. Da fanden wir es in einem Brainstorming-Meeting mit George und Marek nur logisch, dass »Die Doofen« auch in einem Fußballstadion auftreten. Ich weiß noch genau, wie diese

*Anzeige in der Münchener »AZ«, April 1995*

Idee auf den Tisch kam und unsere Augen funkelten. Alle
hatten sich sofort in diesen vermessenen Wahnsinn verliebt. Und ohne Marek wäre es sicher auch nie dazu gekommen. Keine Ahnung, wie man es schafft, für zwei
sogenannte »Tonträgerveröffentlichungskonzerte« eines
Komikerduos, das bis zu diesem Zeitpunkt noch keine
einzige Platte verkauft hatte, das Olympiastadion in München zu bekommen. Und tags drauf die gleiche Nummer
im heutigen RheinEnergieStadion in Köln, der Spielstätte
des 1. FC Köln in Müngersdorf. Aber so geschah es. Es
wurden – jeweils nur für die Ehrentribüne – etwa 150 Kar-
ten pro Konzert in den freien Verkauf gegeben. Viertel-
seitige Anzeigen in der Tagespresse geschaltet und mit
A-Null-Plakaten die Stadt zutapeziert. Wenige Tage vor
dem Konzert die ganze Aktion noch einmal, mit dem Zu-
satz »Ausverkauft«. Was für eine unglaubliche Aktion! Es
wird mir ewig und einzigartig in Erinnerung bleiben, wie
Wigald und ich an einem lauen Abend im April 1995 durch
die berühmten Katakombengänge schlichen, durch die
sonst die Spieler des FC Bayern München ihr Stadion

betraten. Und frenetischen, aber gänzlich verpuffenden Applaus von einer weit entfernten Ehrentribüne wahrnahmen, auf der etwa 150 Fans total ausrasteten. Der Rest des Stadions, also etwa 62 850 Plätze, war leer. An den beiden großen Lichtwänden rechts und links, auf denen sonst Mannschaftsaufstellungen und Spielstände zu lesen waren, prangte unser Schriftzug »Die Doofen« und darunter – angesichts des skurrilen Szenarios der fast menschenleeren Arena nie wieder treffender – »Lieder, die die Welt nicht braucht«. Wir betraten eine jämmerliche 4 × 4 m große Bretterbühne, die unten auf der Tartanbahn in Höhe der Ehrentribüne positioniert war. Mit Dachplane und kleiner Lichttraverse, an der ein paar bunte Spots hingen. Darauf ein VOX AC30-Verstärker für meine Gitarre und zwei Mikrofone. Fertig. Mehr nicht. Wigald hatte seine Blasinstrumente am Mann. Als Rücksetzer strahlte unser Plattencover, auf Leinwand gemalt. Es war alles wie bei Bruce Springsteen. Nur eben in doof. Wir spielten unsere Songs, das Konzert dauerte eine halbe Stunde, und die Fans waren außer Rand und Band, auch wenn kaum einer etwas hören konnte. Es war das Unglaublichste, was ich live je gemacht habe.

**Ihr hattet schon kurz darauf den Vergleich, wie es klingt, in einem ausverkauften Stadion zu spielen – als Vorband von »Bon Jovi«.**
Auch das verdanken wir Marek Lieberberg. Nach der Präsentation im Olympiastadion sagte er: »Ihr müsst hierher zurückkehren, aber dann unter anderen Vorzeichen!« Mittlerweile war das Album ja auch hoch in den Charts, da machte das alles auch noch ganz anders Sinn. Also plante er uns ins Tourprogramm von »Bon Jovi« ein – und außer-

dem bei »Rock im Park« und »Rock am Ring«. Und das war absolut ein Novum. Otto war bis dato der einzige Komiker auf einer derartigen Veranstaltung. Wir trafen ihn bei »Rock am Ring«. Aber er war nicht solo, er hatte seine Band, die »Friesenjungs«, dabei und machte richtig Musik. Aber ein solches Duo? Auf einer Hardrock-Veranstaltung? Nur mit Gitarre und Blockflöte? Wenn's laut wird, mal ein Saxofon? Nein, das gab's wirklich noch nicht.

**1996 erschien Euer zweites Album, »Melodien für Melonen«, das jedoch weniger erfolgreich war als das erste.**
Was das Schicksal vieler Folge-Alben ist. Vor allem wenn das Debüt ein derartiger Erfolg ist. Und auch wenn das zweite Album musikalisch keineswegs ideenloser und schlechter wird als das erste. Im Gegenteil. Du gibst Dir sogar noch mehr Mühe. Aber der Neuheitseffekt, die Unschuld, die Überraschung sind dahin, das spielt eine große Rolle. Deshalb darf man sich mit einem Folge-Album meist nicht so viel Zeit lassen, um den Wind des Debüts noch mitzunehmen. Man sagt auch: »Für Dein erstes Album hast Du zehn Jahre. Für Dein zweites acht Wochen.«

Aber das war eigentlich gar nicht so schlimm. Schon während wir am zweiten Album arbeiteten, hatte ich das Gefühl: Dieses Duo kann es nicht bis in alle Ewigkeit geben. Dieser Act stand auch für einen ganz besonderen Zeitgeist. Ein zeitlich begrenzter, musikalischer Boom in der großen Comedy-Welle des Fernsehens. Nach dem zweiten Album machte sich in mir immer mehr die Überzeugung breit: Jetzt müssen wir aufhören. Auch, um nicht auf Jahre gebrandet zu sein. Wir hatten in knapp 24 Mona-

*Olympiastadion München, Die Doofen, 1995*

ten so viel erreicht und erlebt, wie manche Bands verteilt über zehn oder 15 Jahre. Wobei man dazusagen muss: »Melodien für Melonen« verkaufte sich zwar schlechter als das erste Album, aber doch immerhin allein eine viertelmillion Mal, noch bevor die Platte überhaupt ausgeliefert wurde. Wenn man heute jemandem in der Musikindustrie erzählt, man habe zwei Alben herausgebracht, die sich zusammen fast eineinhalb Millionen Mal verkauft haben, würde er mit dem Kopf schütteln und fragen, warum man aus freien Stücken aufgehört und kein drittes oder viertes Album hinterhergeschoben hat. Aber es war definitiv die richtige Entscheidung, auch wenn wir noch Material für mindestens eine CD in der Schublade haben. »RTL Samstag Nacht« endete 1998. In der letzten Sendung verabschiedeten Wigald und ich uns auch als »Die Doofen« mit einer Parodie des Hits »Time to say Goodbye« – von Andrea Bocelli und Sarah Brightman. Noch einmal ein ganz großer Spaß. Allein das wuchtige Playback der Originalaufnahme mit Tuba, Wandergitarre und Kindergeige nachzumachen war ein großes Vergnügen. Wigald spielte in wirklich mühevoller Kleinarbeit, fast Ton für Ton, das üppige Streicherarrangement ein. Wirklich längere Passagen geigen konnte er nicht. Und so wurde das Band nach oben und nach unten gepitcht, taktweise eingespielt. Sehr langwierig, bis alles saß. Aber ein unfassbar komisches Stück Katzenmusik ist es geworden, das Playback. Schon wenn das Intro beginnt, muss man laut lachen. Dazu kam noch meine eunuchenhafte Kopfstimme, mit der ich den Sarah-Brightman-Part einsingen musste. Wir hatten ja auch den Ehrgeiz, so nah am Original zu sein wie möglich. Also Originaltonart. Das war für mich eine echte Strafe, aber am Ende wirklich noch einmal etwas ganz Besonderes. Genauso wie die Performance in der Show. Zum ersten und einzigen Mal hatten wir keine bunten Anzüge an. Wigald trug einen Smoking mit Fliege, ich eine Perücke, Ohrringe, Make-up, falsche Wimpern und Lippenstift. Und ein atemberaubendes Abendkleid aus dunkelgrünem Samt, das Despina Zourelidou, eine der Kostümbildnerinnen von »RTL Samstag Nacht«, in zwei Tagen schneiderte. Bei der Performance hatten wir kitschiges Licht auf der Bühne, und um uns herum standen Kandelaber mit brennenden Kerzen. Wie die gesamte Show war dieser Auftritt, trotz großer Lacher, sehr bewegend. Für uns alle ging ja eine intensive Ära zu Ende, in der Wigald und ich zeitweise wie ein Ehepaar waren, nur ohne Vollzug.

**Wie steht Ihr beide heute zueinander?**
Gut, sehr gut. Jeder geht seinen Weg. Das war sicher für alle nach dem Ende der Show auch erst mal nicht leicht.

*Ristorante Sansone, Köln, 1997*

Ich wäre, wie gesagt, heute ohne all das, was ich damals erlebt habe, nicht da, wo ich jetzt bin. Ohne die Chancen, die sich auftaten, ohne die Menschen, die mir den Weg geebnet haben. Es ist durchaus möglich, dass Wigald und ich irgendwann mal wieder zusammenarbeiten. Aber egal was wir machen, es wird etwas Neues sein. »The artist formerly known as Doof.«

# FRAUEN!

(© Boning/Dittrich, unveröffentlicht)


Frauen frieren Rosenkohl in Tupperware ein
Frauen gucken gerne Ulrich Wickert
Frauen kämmen Haare in das Waschbecken hinein
Sodass das Wasser nur noch langsam sickert

Frauen tragen Strümpfe aus blickdichtem Chinchillan
Frauen können Seidenmalerei
Frauen fahren selbst, sie lassen niemals einen fahr'n
Und waschen ihren Kopf mit Timotei

Frauen hängen Avocado-Kerne in ein Glas
Frauen gehen gern zu H&M
Frauen ham am Oberbauch von Wasch-Brad-Pitt ihr'n Spaß
Und werden nach zwei Sekt total plemplem

Frauen malen Farbe über'n Oberlippenrand
Frauen finden Turnhosen bequem
Frauen hängen Zettel mit Magneten an die Wand
Und kommen nicht um acht, sondern um zehn

Frauen haben Taschen mit verklebtem Halsbonbon
Frauen straffen Bauch, Beine und Po
Frauen stellen ausrangiertes Zeug auf den Balkon
Und haben einen Kaktus auf dem Klo

Frauen weinen gerne vor dem Fernsehapparat
Frau'n vergessen öfters ihren PIN
Frauen essen Gurkenbrot und geh'n ins Hallenbad
Denn sie woll'n so bleiben wie ich bin

## Paff Daddy (Disco-Song, very Dieter Bohlen-like)
(© Boning/Dittrich, unveröffentlicht)


Die Jugend heutzutage
Ist nicht, was sie mal war
Man hat mit zehn ein Moped
Und eignes Mobiliar

Mit fünf hat man ein Handy
Und macht auf dicken Mann
Mit vier fängt oft das Filter-
Zigarettenrauchen an

Baby smoke in Kindergarden
Parents lost in Nebelschwaden
Crazy Baby gives me Fire
Papa Papa smoke desire

And the baby says to me ...

> **Paff Daddy, Paff Daddy**
> **Come on Papa**
> **Paff Daddy, Paff Daddy**
> **Paff with me**
> **Paff Daddy, Paff Daddy**
> **I Love Paff**
> **Daddyhoo**

Du hast dunkle Gardinen
Die waren einmal hell
Dein Eisbär hat inzwischen
Ein ockerfarbenes Fell

Andre Kinder gehen
So gerne in den Zoo
Doch Du gehst nur zum Kiosk
Und fragst nach Marlboro

Blue Emotion Maxi Cosi
Baby smoking fully Hosi
Blue Emotion Maxi Cosi
Yellow Finger in the Nosi

And the baby says trotzdem ...

> **Paff Daddy, Paff Daddy**
> **Come on Papa**
> **Paff Daddy, Paff Daddy**
> **Paff with me**
> **Paff Daddy, Paff Daddy**
> **I Love Paff**
> **Daddyhoo**

## Krokodile im Herbst
(© Boning/Dittrich, unveröffentlicht)

Krokodile im Herbst
Werden gelb, rot und braun
Ihre Zähne fallen dann aus
Sie haben nichts mehr zu kau'n

Krokodile im Herbst
Sind nur noch partiell mobil
Denn der Herbstwind, der macht
Sie zum Rheuma-Reptil

Das Schicksal von diesen Tieren
Geht mir heftig an die Nieren
Ich greife jetzt mal durch
Für diesen Mega-Lurch

Und sage:

**Kroko**
**Willst Du Schoko?**
**Und 'ne Mütze**
**Und vom Arbeitsamt 'ne Stütze**
**Und 'nen warmen Anorak**
**Bis zum Sack?**

**Kroko**
**Ich hol' die SOKO**
**SOKO Kroko gibt den Tieren**
**die im Herbst in Deutschland frieren**
**Ein' Cognac**
**Mit Geschmack**

Krokodile im Herbst
Wechselwarm, aber dumm
Was lungert Ihr Deppen auch hier
Frierend im Stadtpark herum

Krokodile im Herbst
Ich geb Euch einen Tipp
Macht es so wie der Storch
Und fliegt in den sonnigen Süden

Doch die Echsen sehen das anders
Sie wollen einfach einfach nicht!
Sie stehen auf dem Standpunkt:
Störche sind nicht ganz dicht

Deshalb sage ich nochmals:

**Kroko**
**Willst Du Schoko?**
**Und 'ne Mütze**
**Und vom Arbeitsamt 'ne Stütze**
**Und 'nen warmen Anorak**
**Bis zum Sack?**

**Kroko**
**Ich hol' die SOKO**
**SOKO Kroko gibt den Tieren**
**die im Herbst in Deutschland frieren**
**Ein' Cognac**
**Mit Geschmack**

## Bon Doofi

Die Hardrocker aus Übersee haben wohl auch nicht wirklich begriffen, warum wir dabei sind auf ihrer Tournee. Als wir später als Support-act von »Bon Jovi«, den wir natürlich »Bon Doofi« nannten, im Bremer Weserstadion aufgetreten sind, spielten sich folgende Szenen ab: Zunächst bekamen Wigald und ich eine kleine Garderobe zugewiesen, die sich ganz am Ende eines langen Ganges, im Bereich der Umkleidekabinen befand. Um dorthin zu gelangen, mussten wir an den Kabinen der anderen Acts vorbei, zuvorderst und natürlich bühnennah die Garderobe von Headliner »Bon Jovi«, daneben »Van Halen«, dann »Snakebite« von »Slash«, dem Gitarristen von »Guns N' Roses«. Weit, weit hinten dann der Raum für »Die Doofen«. Wir alberten natürlich herum, anfangs hatte keiner einen Schlüssel für unseren Raum, und wir standen etwas hilflos mit Gitarrentasche auf dem Rücken und Trompetenkoffer in der Hand auf dem Gang herum. Ehrlich gesagt hatte uns von den herumwuselnden, englischsprechenden Roadies auch keiner wirklich auf der Uhr. Als die Tür dann irgendwann endlich offen war, überlegten Wigald und ich, ob wir aus Gründen der Rock 'n' Roll-Credibility möglicherweise die Garderobe zerlegen sollten, um von der Hardrock-Fraktion besser wahrgenommen zu werden. Nur: In dieser kleinen Abstellkammer gab es nichts zu zerlegen. Ein Tisch, zwei Stühle. Ein

*Goldverleihung mit George Glück, 1996*

Waschbecken. Fertig. Ich weiß noch, wie ich vorschlug, »dann eventuell wenigstens das Stück Seife zu klauen«. Ein bisschen unheimlich war mir ehrlich gesagt schon, inmitten dieses Big-Business-Rockcircus. Zwischenzeitlich spielte »Slash« mit seiner Truppe und das Wummern der Marshall-Türme, die auf 25 Meter Länge und drei Meter Höhe aufgebaut waren, ließ die Schokoriegel in unserem Süßigkeiten-Pappteller herumtanzen. Dann irgendwann, nach einer Umbaupause, waren wir dran. Es gab ja nichts zu tun für die Bühnentechniker. Zwei Mikros, eine DI-Box für meine Gretsch. Und natürlich im Hintergrund unser schönes, etwa fünf mal fünf Meter großes Transparent. Wie ein Taschentuch, das am Mast eines großen Segelschiffs aufgehängt wird, muss es gewirkt haben, als es an Ketten hochgezogen wurde. Aber: von frenetischem Jubel begleitet. Da dachte ich noch, »das kann echt nicht wahr sein, die meinen wirklich uns«. Wir standen schon im Gang, bereit, um auf die Bühne zu gehen. Ich hatte

meinen gelb karierten Anzug an und die Gitarre im An-
schlag. Wigald trug eine ebenso gelbe Kombination aus
regenabweisendem Gummimaterial, dazu einen typi-
schen »Südwester«-Regenhut mit Nackenkrempe. Unter
den Armen und mit den Händen umklammerte er eine
muntere Ansammlung an Blasinstrumenten, die beim
Laufen aneinanderklapperten und drohten, herunterzu-
fallen. »Auf geht's beim Schichtl«, sagte Wigald wie so oft,
und wir setzten uns in Bewegung nach oben. Plötzlich öffnete sich die vorderste Garderobentür und Jon Bon Jovi
guckte durch einen Spalt, machte die Tür aber schnell
wieder zu, als er uns sah. Wir marschierten nach oben,
betraten die Bühne, ich eröffnete wie immer mit den Worten: »Seid ihr alle doof?« und 30 000 Leute riefen »Ja«!
Los ging's, eine halbe Stunde Konzert, bei dem ein paar
zehntausend Hardrock-Fans alle Songs mitsangen. Wirklich unglaublich! Peter Angemeer, unser Promoter und
Begleiter in Bremen, erzählte uns nach dem Auftritt, dass
sich, nachdem wir zur Bühne gegangen waren, die Garderobentür sofort wieder öffnete. Bon Jovi, Arm in Arm ein-
gehakt mit Slash, der aussah wie ein restlos dichtgekifftes
Karnickel, kamen heraus und schauten uns befremdet
hinterher. Bon Jovi sagte: »That must be ›Dey Douwen‹.«
Und ein Manager, der aus dem Raum dazukam antwortete: »Yeah, they sold a million records in six weeks.
20 000 copies a day.« Danach war Totenstille, und alle
schüttelten verständnislos mit dem Kopf.

# Freundschaftsvertrag mit Wigald Boning

*Melodien für Melonen, 1996*

# WIGALD BONING
BERLIN  HAMBURG  MÜNCHEN

Hamburg, den 26.02.1993

Sehr geehrter Herr Dittrich,

wie angekündigt, übersende ich Ihnen in der Anlage
den Vertragsentwurf zur Regelung unseres privaten
Umgangs miteinander. Als Beginn der Vertragszeit habe
ich rückwirkend den 01.01.1993 festgelegt. Für weitere
-mir möglicherweise entgangene- sinnvolle Vereinbarungs-
vorschläge wäre ich Ihnen dankbar.

Ich freue mich, unsere Bekanntschaft auf diesem Wege
aus dem rechtsfreien Raum herausführen zu können.


In der Hoffnung auf erfüllenden privaten Umgang
verbleibe ich Ihr


Wigald Boning

# VERTRAG

zwischen                    Wigald Boning

            nachstehend WB genannt

und                         Ollie Dittrich

            nachstehend Ditsch genannt


## § 1

1. Gegenstand dieses Vertrages ist die juristisch verbindliche Regelung des privaten Umgangs miteinander. Berufliche Belange sind ebenfalls berührt, sofern sie privater Natur sind.

2. Die Vertragspartner verpflichten sich, nicht durch anderweitige Bindungen daran gehindert zu sein, diesen Vertrag zu erfüllen, noch in Zukunft Verträge mit dritten zu unterzeichnen, welche geeignet sind, dem Sinn dieser Vertrages zu widersprechen.


## § 2

1. Dieser Vertrag ist zunächst für eine Laufzeit von einem Jahr fest geschlossen. Er tritt am 01.01.1993 in Kraft und endet am 31.12.1993, jedoch nicht vor Ablauf von 6 (sechs) Monaten nach Beendigung des letzten während der Laufzeit des Vertrages durchgeführten privaten Umgangs.

2. WB und Ditsch sind berechtigt, den Vertrag durch Erklärung gegenüber dem Vertragspartner vierundfünfzig mal jeweils um 1 (ein) weiteres Jahr zu verlängern. Die Erklärung muß durch eingeschriebenen Brief und bis spätestens 3 (drei) Monate vor dem jeweiligen Ablauf des Vertrages erfolgen. Sofern WB oder Ditsch von dem Recht zur Vertragsverlängerung Gebrauch macht, gelten alle in diesem Vertrag festgelegten Bestimmungen für die verlängerte Vertragszeit fort, es sei denn, in gegenseitigem Einvernehmen werden Vertragsinhalte durch andere ersetzt, die dem natürlichen Alterungsprozeß Rechnung tragen und dem privaten Umgang dienen.

§ 3

1. WD und Ditsche übertragen sich gegenseitig das Recht,
   während der Vertragslaufzeit privaten Umgang miteinan-
   ander zu pflegen. Dieses Recht ist uneingeschränkt,
   nicht übertragbar und nicht ausschließlich. Die Rechteübertragung gilt für alle Länder der Welt und ohne
   zeitliche Begrenzung. Sollte in gegenseitigem Einvernehmen eine Rechteübertragung an dritte vereinbart werden,
   so bleibt die subsidiäre Haftung der Vertragspartner
   für die Erfüllung der dem Vertragspartner gegenüber ein-
   gegangenen Verpflichtungen bestehen.

2. Die gemäß Absatz 1 übertragenen Rechte schließen aus
   sämtliche Leistungsschutzrechte und -ansprüche sowie
   alle sonstigen übertragbaren Rechte und -ansprüche,
   die den Vertragspartnern jetzt und in der Zukunft an den
   privaten Umgängen zustehen. Demnach haben beide Vertragspartner das ausschließliche Recht, die privaten Umgänge
   in vollständiger oder auszugsweiser, bearbeiteter oder
   unbearbeiteter Form durch jedes bekannte oder zukünftig
   entstehende System und in allen Arten und Formen der
   Fertigung auf Tonträger, Bildtonträger, Bildwerk (einschließlich Printmedien, Fotokopien, Blaupausen, Handschriften)
   und mündliche Weitergabe, mit und ohne Bild, zu verviel-
   fältigen und zu verbreiten, sowie das ausschließliche Recht,
   (und die Ansprüche aus) der öffentlichen Wiedergabe und
   Verwertung der privaten Umgänge im Tonfilm, Hörrundfunk
   und Fernsehen (auch mittels Übertragung durch Kabel, Sattelit
   sowie sonstige Übertragungssysteme) zu privaten Zwecken,
   mitunter privaten Zwecken und partiell privaten Zwecken
   sowie zur Rückführung in den privaten Umgang hinein (Umgangs-
   recycling).

3. Die den Vertragspartnern vertraglich eingeräumte Nicht-
   ausschließlichkeit des privaten Umgangs besteht, unabhängig
   von der Beendigung dieses Vertrages, auf die Dauer von 10
   (zehn) Jahren Erstumgänglichkeit des jeweiligen privaten
   Umgangs.

§ 4

1. Die Vertragspartner verpflichten sich, in unregelmäßigen
   Abständen privaten Umgang miteinander zu pflegen.

2. Ort und Zeit der privaten Umgänge werden von den Vertragspartnern unter Berücksichtigung ihrer künstlerischen Inanspruchnahme einvernehmlich festgelegt. Dieses geschieht
   telefonisch, schriftlich (einschließlich Telefax) oder
   im Rahmen eines (ggfs zufällig auftretenden) privaten
   Umgangs oder im Rahmen gemeinsamer beruflicher Akti-
   vitäten.

3. Der Mindestumfang des privaten Umgangs pro Vertragsjahr
   beträgt 1 (eine) Kommunikationseinheit

-3-

## § 5

1. Eine Kommunikationseinheit bedeutet im Rahmen
   dieses Vertragswerkes:

   - 1 Kinobesuch
   - 1 Spaziergang
   · 1 Theaterbesuch
   - 1 Gespräch
   - 1 Wattwanderung
   - 1 Bergwanderung
   - 1 Tasse Kaffee
   - 1 Tretbootausflug
   - 1 Mittagessen
   - 1 Rumlungern (mind.10 Minuten)
   - 1 Telefonat
   - 1 Minigolfpartie
   - 1 gemeinsamer Urlaub
   - 1 Konzertbesuch
   - 1 Abendessen
   - 1 Faustkampf (z.B. um Geld)
   - 1 Kunstgenuß
   - 1 Fussi
   - 1 Frühstück

2. Eine zufällige Begegnung auf der Straße (ggfs. ohne Begrüßung)
   gilt als 1/2 (eine Halbe) Kommunikationseinheit.

3. Bei im Rahmen einer Kommunikationseinheit auftretenden
   Gesprächen sind folgende Gesprächsthemen zu berücksichtigen:

   - Politik
   - Frauen
   - Philosophie
   - Humor
   - Kultur
   - Körperpflege
   - Kochen
   - Handarbeit (auch spirituell)
   - Sport

## § 6

Sind bei Vertragsende persönliche Umgänge aus einem von einem
der Vertragspartner vertretenen Grunde rückständig, so kann
der jeweils andere Vertragspartner schriftlich oder telefonisch
innerhalb von einem Monat nach Vertragsende verlangen, daß
die rückständigen Umgänge in angemessener Frist nachgeholt
werden. Im Fall der Nachholung verlängert sich der Vertrag
bis zur Beendigung des letzten rückständigen privaten Umgangs,
jedoch unter Wegfall der persönlichen Nicht-Ausschließlichkeit.

-4-

§ 7

Beide Vertragspartner haben sich während eines privaten
Umgangs zu benehmen und in unregelmäßigen Abständen ori-
ginelle Bemerkungen zu äußern. Auftretende Unpäßlichkeiten
eines Vertagspartners sind vom jeweils anderen Vertragspartner
zu ignorieren, mit tröstenden Worten zu kommentieren oder,
sofern sie körperlicher Natur sind, durch evtl. Verabreichung
verfügbarer Arzneien zu lindern (einschließlich Hilfestellung
beim Kotzen)

§ 8

Kocht WB ein Abendessen für Ditsche, so darf WB kein Paprika
als Zutat verwenden.

§ 9

1. Dieser Vertrag unterliegt deutschem Recht. Die etwaige
   Unwirksamkeit einer einzelnen Bestimmung dieses Vertrages
   läßt die Wirksamkeit des Vertrages im übrigen unberührt.
   Die unwirksame Bestimmung ist durch eine sinnentsprechende
   wirksame Bestimmung zu ersetzen.

2. WB und Ditsche sind berechtigt, alle personenbezogenen
   Daten des jeweiligen Vertragspartners, soweit dies für
   die Durchführung dieses Vertrages erforderlich ist,
   zu speichern und zu nutzen.

3. Änderungen dieses Vertrages sind nur wirksam, wenn sie
   von WB und Ditsche schriftlich bestätigt werden.

4. Gerichtsstand ist Hamburg, sofern nicht ein anderer
   Gerichtstand zwingend vorgeschrieben ist.

5. Verletzt ein Vertragspartner mutwillig die vertraglich
   festgelegten Bestimmungen, so ist er zu einer Konventio-
   nalstrafe in Höhe von DM 880.000,-- an die Aktion Sorgen-
   kind verpflichtet.

Ollie Dittrich                          Wigald Boning

# OLLI DITTRICH
Küche      Bad      Schlafzimmer


Hamburg, den 26.2.93


Sehr geehrter Herr Boning,

recht herzlichen Dank für die Übersendung
des Vertragsentwurfes zur Regelung unseres
privaten Umgangs miteinander.
In der Tat gäbe es noch den einen oder anderen Punkt hinzuzufügen, wie mir soeben
unsere Rechtsabteilung mitgeteilt hat.

So wäre es ratsam,einmal darüber nachzuden-
ken, ob nicht ein Bonus-System als Anreiz
zu § 5 greifen könnte. Beiden Vertragspartnern
wird eine "VIS A VIS"-Card ausgestellt, die
auf rückseitigem Magnetstreifen Geheimzahl (z.B.1)
sowie Zähl-und Speicherfläche enthält.
An jeder Wohnungstür (Koppel 104 sowie Güntherstr.96)
wird ein Magnet-Lese/Schreibgerät befestigt,
in das die Card dann vom Besucher eingeführt
wird. Nach Eingabe der persönlichen Geheimzahl
wird der Besuch automatisch gezählt und ein Stimm-
Decoder am Lesegerät begrüßt den Gast (Z.B. "Hallo
Wigald") und gibt den aktuellen Stand der Besuche-
Anzahl bekannt. Sollte eine noch festzulegende
Menge an Besuchen erreicht sein (z.B. 10), spielt
der Stimm-Decoder "For He's a Jolly Good Fellow"
und der Kartenbesitzer bekommt vom zu besuchenden
Kollegen ein Geschenk. (Z.B. daß er beim nächsten
Treffen jemanden mitbringen darf). Zu erwägen wäre
auch, daß er als Belohnung bis zum nächsten Geschenk
nur 9 Besuche braucht, dann 8, dann 7 usw.; bis

man schließlich bei jedem Aufeinandertreffen ein Geschenk
bekommt. Im Laufe der Zeit sollten an allen nennenswerten
Plätzen (z.B. "Cotton Club", "Karstadt/Osterstraße/Raucher-
ecke") Magnet-Lese/Schreibgeräte angebracht werden, damit
eine faire Bonusaufrechnung gewährleistet ist. Mittelfristig
ist daran zu denken, dies auf das gesamte Bundesgebiet,
später dann Anrainerstaaten, Ost-Europa, Asien,Afrika, Amerika
usw. auszudehnen.
Nachstehend ein Entwurf unserer Werbeabteilung zum Thema
"Vis A Vis"-Card:

Sollte diese Idee in der Realisierung zu aufwendig sein,
könnte man das alte Bonus-Heft wieder einmal einführen.
Das Prinzip ist simpel: in ein Oktavheft wird jedes Treffen
per Strichliste eingetragen. Ist das Bonus-Heft voll, erhält der Besitzer als Bonus (daher der Name 'Bonusheft')
vom Kollegen ein neues. Ebenfalls in Erwägung zu ziehen
wäre das gute alte Rabattmarkenheftchen. Hier käme noch
ein lustiger Freizeitspaß, nämlich das Einkleben von Marken,
hinzu. Außerdem könnten Kommunikationseinheiten unterschiedliche Wertigkeiten und somit "billigere" und "teurere"
Klebemarken bekommen. (Z.B. Theaterbesuch = 5 Mark, eine
U-Bahnfahrt 10 Pfennig usw.) Man könnte einen Deal mit Edeka/
Lübecker Str. anstreben, der garantiert, daß der Rabattmarken-
Heftbesitzer bei Abgabe eines vollgeklebten Heftchens eine

Staude Bananen oder eine Palette Katzenfutter oder 10 Packungen
'ONKIS' (Konsul Weyers Lieblingsgebäck) bekommt.

In der Hoffnung, noch einige sinnvolle Ergänzungen
eingebracht zu haben, verabschiede ich mich in
freudiger Erwartung des zu unterschreibenden Vertrages
(Zwei Ausführungen) verbunden mit der Bitte und
Hoffnung, meinen Vornamen mit "OLLI" und nicht "OLLIE"
im genanntem Schriftstück ausformuliert vorzufinden.


Herzlichst,

Ihr sehr geehrter

Olli Dittrich

# In Beckenbauers Haut ist es immer recht geschmeidig

Figuren • Parodien • Kollegen

*München, Mitte September. Es ist sommerlich warm, von Wolken am Himmel keine Spur. Kaiserwetter also, wie man hier sagt. Aber ansonsten geht alles schief. Olli Dittrichs Flug aus Hamburg hat Verspätung, am Leihwagenschalter ist wegen des Oktoberfests die Hölle los, und auf den Straßen geht der Verkehr nur langsam voran. Endlich in der Innenstadt angekommen, hilft nach all dem nur eines: der Besuch eines bayerischen Wirtshauses. Als sechs Nürnberger Rostbratwürstchen samt Sauerkraut serviert werden, sieht die Welt schon wieder besser aus, und Olli bedauert nicht, dass er den ursprünglich geplanten Interviewort am Odeonsplatz, das Café Luitpold, wo Loriot in den Sechzigerjahren manchmal saß und seine Zeichnungen fertigte, nun verpasst hat. Ein anderes Mal gern, aber vom Wirtshaus will er sich gerade auf keinen Fall trennen. Der ortsansässigen Kellnerin antwortet er zur Begrüßung auf Bayerisch und klingt dabei, als habe er nie etwas anderes gesprochen. Nach dem Essen bestellt er mit Begeisterung ein »Haferl Kaffee« und schaut sich zufrieden um. »Und, geht's jetzt los?«, fragt er.*

**Sehr überzeugend, Dein Bayerisch.**
Ach, oft verfalle ich ganz automatisch in den Dialekt, den ich gerade höre. Auf dem Weg hierher habe ich mit meinem Manager telefoniert. Dauert keine Minute, bis ich seinen leicht Aschaffenburger Slang übernehme. Das ist wirklich aberwitzig manchmal. Aber ich kann mich überhaupt nicht dagegen wehren, es fällt mir auch gar nicht so auf, es passiert einfach. Höre ich eine fremde Mundart, neige ich automatisch dazu, mich sprachlich zu akklimatisieren. Sprachen transportieren ja immer auch Mentalität. Deshalb hört sich auch ein und derselbe Sachverhalt unterschiedlich an, je nachdem ob ihn ein Russe, ein Italiener, ein Inder oder ein Portugiese berichtet. Der Ton macht die Musik. Und durch die jeweils besondere Melodie der Sprache verändern sich Resonanzräume und Körperhaltung ebenso wie wahrscheinlich auch der Umgang mit dem Inhalt. Interessanter Gedanke, spannende Sache eigentlich.

**Schade, dass man hier nicht abdrucken kann, wie es sich anhört, wenn Du ihn kopierst …**
Wenn ich länger mit ihm am Telefon bin, brauche ich schon manchmal eine Weile, bis ich wieder wie ich selbst klinge. Einige Idiome wie zum Beispiel »Nee, des mach mer jetz net« finden noch eine Zeit lang Verwendung, bis sie meinem Hamburger »Lass ma echt stecken« wieder weichen.

**Und findet er es lustig, sein Stimmecho am Hörer zu haben?**
Müsste ich ihn mal fragen, ob's ihm überhaupt auffällt. Er hat sich zumindest noch nicht beschwert.

**Als Du Franz Beckenbauer getroffen hast, über den Du eine Deiner Parade-Parodien gemacht hast, packte Dich da die Lust, ihn zu imitieren?**
In dem Moment, als ich ihm zum ersten Mal persönlich begegnet bin? Hm. Das ist ja schon ein paar Jahre her. Ich weiß nicht so recht. Vielleicht habe ich schon unbewusst auf die besonderen Auffälligkeiten, die eine Parodie nahelegen, geguckt. Wie er so redet, was er für eine Körpersprache dabei hat. Auch ob wir ihn optisch gut nachempfunden haben. Ob die Haarfarbe stimmt, die Dichte der Perücke, das Brillengestell. Und wie er so insgesamt wirkt, welche tatsächliche Ausstrahlung er hat und wo genau das Timbre seiner Stimme liegt. Im Fernsehen bekommt man diese Informationen ja doch aus zweiter Hand. Der echte, lebendige Mensch neben Dir übermittelt noch sehr viel mehr. Aber ihn in seinem Beisein dann nachäffen, in der Öffentlichkeit, inmitten anderer Leute, was sollte das? Das empfände ich als reines Bloßstellen. Den Mann vor anderen zu blamieren oder lächerlich zu machen, das ist nicht meine Baustelle; auch nicht Sinn und Zweck der Übung. Das verbietet zudem die Höflichkeit und brächte mir ganz und gar keinen Spaß.

**Wie findet Franz Beckenbauer Dich als »Kaiser Franz«?**
Wir haben uns bislang nur zwei, drei Mal getroffen, und ich weiß ehrlich gesagt nicht, ob er jedes Mal noch wusste, wer ich eigentlich bin. Auf die Parodien angesprochen – zum Beispiel von Jörg Wontorra, der mal dabeistand –, hat er jovial und weltmännisch reagiert. Eben wie man es von ihm aus Hunderten von Interviews kennt. Er habe davon gehört, aber er hat sie natürlich nicht gesehen und wüsste daher auch gar nichts dazu zu sagen.

**Welche Deiner Kollegen gefallen Dir als Beckenbauer?**
Bully Herbig hat das in der »Bullyparade« natürlich sehr, sehr lustig gemacht, fast ein bisschen dadaistisch, finde ich. Dazu Rick Kavanian als Gerd Rubenbauer, großartig. Bully macht aber sowieso alles lustig, mit cleverem Hintersinn und meist noch einer Idee mehr als nur einer platten Imitation. Mittlerweile ist er ein ganz großer Kinofilmer, und ich verehre ihn sehr für das, was er tut. Eigentlich gehört der Mann nach Hollywood, nicht nur weil ich glaube, dass man dort sein Talent und sein Können mehr zu schätzen weiß als hier. Ganz im Ernst: Eines Tages wird Bully Herbig als bester ausländischer Regisseur einen Oscar in der Hand halten. Wetten wir?

**Da bin ich auf Deiner Seite, würde nicht dagegenhalten wollen. Aber zurück zu Beckenbauer. Und zu Matze Knop. Kennst Du ihn?**
Nein, persönlich nicht. Ich glaube, wir sind uns einmal irgendwo kurz begegnet, ein paar Jahre ist das her. Aber gesprochen haben wir nicht miteinander. Ich habe ihn natürlich schon häufig gesehen und mich teilweise köstlich amüsiert. Ein Beckenbauer für den täglichen Gebrauch, das meine ich durchaus mit Respekt. Da Franz letztens in einer Talkshow geäußert hat, er wolle zukünftig mehr zu Hause bei Frau und Kindern sein, sollte Knop darüber nachdenken, ihn gelegentlich zu vertreten. Bei lästigen Sitzungen des FC Bayern, der UEFA oder der FIFA zum Beispiel. Bei einem Prominenten-Golfturnier oder einer Kutschfahrt mit Theo Zwanziger, bis der zugetextet und ermattet eingeschlafen ist auf der Fiaker-Bank. Ein solcher Stellvertreter sollte dem echten Franz schon ein ordentliches Salär wert sein. Knop ist ein vorzüglicher

Stimmenparodist und stets im Einsatz, wenn EM, WM oder der Fußballtalk bei »Waldis Club« rufen. Da geht's dann um momentanes Geschehen und schnelle, aktuelle Gags, die man den Figuren in den Mund legt. Ein Spielstand wird kommentiert, ein Endergebnis bewertet oder auch mal der Zoff zwischen Vorstand und Trainer. Dann sprechen Luca Toni, Jürgen Klopp oder Louis van Gaal eben in der Parodie, wenn das Original nicht zur Verfügung steht oder auf heikle Fragen ganz sicher nicht witzig antworten würde. Das ist doch sehr unterhaltsam und amüsant. Der Faktor Aktualität spielt hierbei eine entscheidende Rolle. Ein Geschehen, das den Leuten unter den Nägeln brennt, wird noch im Aufwind des Ereignisses lustig verbraten. Das klappt fast immer, wenn die Gags gut sind, weil Du keine Handlung und keine Personen einführen und erklären musst. Bei »RTL Samstag Nacht« sind wir exakt so vorgegangen, da musste ich für »Zwei Stühle – eine Meinung« jede Woche ins Geschirr. Manchmal auch eine Strafe, wenn so gar kein Prominenter eine Steilvorlage bietet. Deshalb haben wir ja auch zunehmend eigene Figuren erfunden, die zu aktuellen Themen Stellung genommen haben. »Mike Hansen«, Hamburger Zuhälter und Rekordgast in unserer »Aktuellen Talkrunde«, kam erstmals zum angeblichen Sexskandal-Film »Enthüllung« mit Demi Moore und Michael Douglas und gab Auskunft über das weibliche Geschlecht. »Rico Gleitmann«, der unglückliche Eiskunstläufer aus der Ex-DDR im hellblauen Seidenkörperstrumpf (»Ich bin versehentlich in der Damenkonkurrenz gestartet«), war Experte während einer Eiskunstlauf-WM, oder der argentinische Boxweltmeister im Fliegenpilzgewicht »Butsche Roni«, der lispelnde Dummkopf mit der Riesen-Afrofrisur, wurde mehrfach zum Thema Boxen befragt. Am Ende waren es in knapp 150 Shows etwa 100 verschiedene Promi-Parodien und erfundene Figuren. Ein paar kamen ja immer mal wieder, die meisten habe ich aber nur einmal gespielt. Andere, wie zum Beispiel der schwäbelnde, stets miserabel gelaunte, Wildlederjackett tragende und Zigarillo rauchende Kunst- und Kulturkritiker »Hajo Schroeter-Naumann«, der von sich immer in der dritten Person sprach (»Der Hajo Schroeter-Naumann schreibt für die ›FAZ‹, die ›TAZ‹, die ›WAZ‹, die ›HAZ‹ und die Katz«), haben später in »Olli, Tiere, Sensationen« weitergelebt.

**Wie würdest Du Deinen Ansatz, Figuren zu spielen, beschreiben?**
Ach, das hat sich im Laufe der Jahre sehr entwickelt. Ich bin ja erst mit Mitte 30 dazu gekommen, ein spätes Coming-out, könnte man sagen. Gleichwohl ist mir das Verlangen, auch die Leichtigkeit, sich eines anderen Charakters anzunehmen und spielerisch wiederzugeben, eigentlich seit frühester Kindheit vertraut. Je länger ich das aber professionell betrieben habe, desto mehr fiel die Scheu von mir ab, die Hosen wirklich herunterzulassen. Und das ist meiner Meinung nach der tatsächlich einzig richtige Weg, glaubwürdig zu spielen, wenn es – auch in der Komödie – ernst wird. Wenn es darum geht, einen anderen Menschen zu zeigen, musst Du ihn logischerweise an Dich heranlassen. Ich denke, das kann – je nach Charakter – auch mal kein ganz so großes Vergnügen sein. So autodidaktisch, wie ich da herangehe, ohne klassische Schauspielausbildung, funktioniert es nur, indem ich komplett die Distanz zur fremden, darzustellenden Person verliere, mein eigenes Ego zur Seite lege und mich

weit öffne. Mich seiner annehme und erst mal schaue, was das so mit mir macht.

Noch mal zu den ersten Figuren in »RTL Samstag Nacht«: Hier ging es ja in erster Linie darum, andere zum Lachen zu bringen. Was im Übrigen ja auch ein großes Vergnügen ist! Diese klare innere Zielsetzung eines Sketches oder einer Szene polt einen selbst auch komisch. Das hat mir damals besonders gutgetan, ich habe das noch sehr gut in Erinnerung. Da ich ja nun auch eine melancholische Seite habe und die ruinösen Zeiten der 8oer durchaus noch in den Knochen saßen, hatte das Herumkaspern und Mimen von schrulligen Spaßfiguren, jede Woche neu, eine echt befreiende und glückselige Wirkung. Inzwischen, nach fast zwanzig Jahren, hat sich das natürlich etwas gelegt. Ich spiele ja mittlerweile auch tragische, ernste oder hilflose Figuren. Oder Leute, die eine besondere Seite der Liebe zeigen oder eher Rücksichtslosigkeit und Aggression. Eben immer weniger typische »Comedy-Figuren«. Über die Jahre habe ich eigentlich versucht, in meinen Darstellungen immer mehr zu reduzieren, zu vertrauen, dass der Zuschauer trotzdem alles, was ich ausdrücken will und was zu sehen sein soll, bemerkt. Das ist mir früher häufig gar nicht gelungen. Ich habe oft gedacht »Das reicht nicht, da musst Du mehr Gas geben«, und später, wenn ich die Szene mit Abstand im Fernsehen gesehen habe, dachte ich: »Oje, wie peinlich, so auf die Kacke zu hauen, das ist ja völlig übertrieben.« Das war dann total aufgesetzt gespielt, eine einzige affige Herumhampelei. Aber wie gesagt: Es ist ein Lernprozess, den richtigen Ton zu treffen. Immer näher an die Seele einer anderen Person heranzukommen, wenn man sie ernsthaft spielen will, hat ja auch etwas mit innerer Stabilität zu tun, würde ich sagen. Du musst schon was aushalten, hin und wieder. Diese Stabilität musste bei mir lange wachsen. Ebenso wie eine gewisse Stilsicherheit, eine Handschrift. Die Maskerade, die Verkleidung, auch die Täuschung, das ist mein besonderes Metier. Sie verschafft mir Zugang zu einer Welt, die mir sonst verschlossen bleibt. Ich kann es gar nicht recht erklären, aber die Verkleidung befreit mich einerseits von Vorbehalten und Schüchternheit, öffnet die Seele der betreffenden Figur und beschützt mich andererseits nach außen. Wie ein Panzer, ein Schutzschild. Und das ist ein bisweilen auch durchaus lustvolles Unterfangen. Deshalb gibt es ja – wonach ich häufig gefragt werde – auch gar keine wirkliche Lieblingsfigur-Rolle oder -Parodie. Es ist eigentlich immer die nächste, die kommt. Der spannendste Prozess war und ist auch immer der, sich unbekanntem Terrain zu nähern, einzutauchen, es sich zu eigen zu machen und eine Weile damit zu leben. Das setzt schon etwas Besonderes in mir frei. Und führt auch automatisch dazu, dass nicht alle Figuren, die mich reizen, zwangsläufig am Ende jeden Satzes eine komische Pointe brauchen. So ist es im wahren Leben ja auch nicht. Der Witz, im wahrsten Sinne des Wortes, besteht darin, die lustige, tragische, absurde, geheimnisvolle, langweilige Normalität einer Figur zu fassen zu kriegen und darin und damit herumzuspazieren. Deshalb ist es sicher viel weniger »Spiel« im Sinne von: Text lernen, Bart ankleben, vortragen, abschminken. Vielmehr geht es darum, eine Tatsachenbeschreibung zu liefern. Einen echten Menschen zum Leben zu erwecken und solange herumlaufen zu lassen, bis er nicht mehr im Bild ist; meist darüber hinaus, oft bis weit nach Feierabend. Das macht dann auch nicht Halt, wenn Drehpause ist. Ich habe es durchaus erlebt, dass mich dieser Prozess auch wahnsinnig anstrengen oder quälen kann, je nach Bleischwere des Charakters, seiner Situation und Befindlichkeit. Aber ich kann dann einfach überhaupt nicht heraus aus dem anderen.

Ich erinnere mich an eine wirklich furchtbare Situation während der Dreharbeiten zur ersten Staffel von »Olli, Tiere, Sensationen«. Für die Rubrik »Was macht eigentlich ...?« drehten wir ein Porträt über Herman van Veen, irgendwo am Deich in Uetersen. Wir dichteten dem holländischen Entertainer an, er sei in Wirklichkeit Kammerjäger, der – wie der Rattenfänger von Hameln – beim Versprühen von Gift mit heiterem Singsang (»Hopplahopplahopp, kleiner Fratz, kleine Krabbeltiere, Du putzige Küchenschabe, komm heraus«) die Kakerlaken unter dem Küchenschrank hervorzulocken vermochte. Für diesen recht aufwendigen 3-Minüter war ein ganzer Drehtag angesetzt, der für mich morgens um 7 Uhr in der Maske begann. Inzwischen war ich schon seit ein paar Stunden Herman van Veen, diverse Außenszenen waren bereits gedreht, improvisierte Interviewteile ebenfalls schon im Kasten. Obwohl nach Script und vorheriger Absprache klipp und klar war, wie der ganze Beitrag am Ende aussehen sollte, welche Shots wir dafür brauchen würden, begann der damalige Bildregisseur und Kameramann plötzlich, alle möglichen Zusatzszenen drehen zu wollen. »Alternativen« für den Schnitt, wie er meinte, die wir aber definitiv nicht gebraucht und nie verwendet hätten. Also musste ich, als künstlerischer Leiter des gesamten Projekts, einschreiten und versuchen, die Sache zu regeln. Eine hitzige Sache, denn der Mann war ein rechter Dickkopf. Ärger am Set ist sowieso nie gut, aber dass ich mich als Herman van Veen mit ihm streiten musste, in diesem holländisch-deutschen Singsang, mit einer ganz anderen inneren Haltung und Körpersprache als meiner eigenen, nach dem richtigen deutschen Vokabular suchend, das war ein echt absurder, nervtötender Ritt. Kein Witz: Ich kam während der Debatte einfach nicht heraus aus dem holländischen Liederclown. Am Ende hatte diese zehnminütige Auseinandersetzung mehr Kraft gekostet als der gesamte Drehtag.

Abschließend zu meiner Beckenbauer-Parodie: Die ist, genauso wie ich und wie Franz selbst, älter geworden und mitgewachsen. Trotz zwischenzeitlicher Mottenkiste. Früher, bei »Zwei Stühle – eine Meinung« habe ich sie in fünf Jahren ohnehin nur zweimal gebracht. Dann noch ein, zwei Mal bei einem TV-Feature, das Reinhold Beckmann mit Jürgen Klinsmann für SAT.1 produziert hatte, bei einem Jauchschen Jahresrückblick bei RTL und zum Schluss noch einmal 1998, auch mit Wigald, in einer Spezialausgabe zur Fußball-Weltmeisterschaft in Frankreich. Auch für RTL. Damit war mein Beckenbauer für mich eigentlich erzählt. Vielleicht auch weil »RTL Samstag Nacht« zu Ende ging und beides doch irgendwie miteinander verknüpft war, wer weiß. Das änderte sich noch einmal – 2006.

Die WM in Deutschland lief bereits, da kam ich plötzlich auf die Idee, an den Franz noch einmal heranzugehen. Aus aktuellem Anlass, denn der Kaiser war omnipräsent. Beckenbauer hatte die WM ins eigene Land geholt, eine wirklich große, ja politische Leistung. Man sah ihn mit den »Großen der Welt« auf der Tribüne, im Helikopter von Stadion zu Stadion fliegen, auf Pressekonferenzen und beim Küsschen-Geben mit Angela Merkel. Das hatte eine ganz neue Qualität, eine völlig andere Relevanz als alles, was er zuvor gemacht hatte. Er war vom Fußballkaiser zum Staatsmann geworden, und ich dachte mir: So eine Parodie müsste man machen. Nicht einfach nur den Mann persiflieren, sondern im Grunde die ganze Situation. Nicht in einem Sketch, es sollte eher ein zum Verwechseln ähnliches Politikergespräch sein, auf höchster Ebene, zur Lage der Nation. Staatstragende Räumlichkeiten, schwere Möbel und ein investigativer Fragenkatalog. Ich rief Harald Schmidt an und fragte ihn, ob er als Anchorman mit an Bord käme, und er sagte sofort zu. Wir drehten in der Präsidentensuite des Hamburger »Atlantic«-Hotels, mit Deutschland-Fahne am aufrechten Mast, in der Ecke neben dem Schreibtisch. Und einem gerahmten Porträt von Sepp Blatter an der Wand. Davor zwei mondäne Sessel, wie ich sie in einem Interview von Maybrit Illner mit Wladimir Putin gesehen hatte. Das hatte die Größe, die Bundespräsident Franz Beckenbauer gerecht wurde. Zwei Wochen zuvor machte ich einen kurzen Besuch bei Harald im Büro, und wir legten mit seinen Autoren einen Fragen- oder besser Themenkatalog fest. Mehr nicht. Eigentlich genauso, wie es wahrscheinlich beim echten Sommergespräch mit der Kanzlerin auch gemacht wird. Dann haben wir uns getrennt voneinander vorbereitet. Ich mit Dietmar Burdinski, einem leider viel zu früh verstorbenen Autorengenie, Harald mit seinen Leuten. So gingen wir dann später frei improvisierend in unser Gespräch und nannten es »Was tun, Herr Beckenbauer?«. Es gab kein Drehbuch, keine Textabsprachen, nur freie Rede und auch nur einen Schuss bei der Aufzeichnung. Am Ende kamen ca. 45 Minuten heraus, wovon die Hälfte, quasi als sehr langer Einspieler, in der »Harald Schmidt

Show« ausgestrahlt wurde. Darüber war ich sehr glücklich, denn wir hätten sonst nirgendwo einen Sendeplatz
bekommen. Die restlichen ungesendeten Minuten konnten wir zusammen mit dem Originalbeitrag dann später
auf meiner DVD »Ein Mann hat viele Gesichter« veröffentlichen. Für mich war dieses Talk-Kammerspiel ein
absolutes Fest. Wie eigentlich alles, das entsteht, wenn ich
mit Schmidt zusammentreffe. Aber auch weil ich noch
einmal so konsequent, gereift und erstmals in epischer
Breite dem Franz auf den Pelz rücken konnte. Jetzt, wo er
doch eigentlich »der höchste Mann im Land« war. Das
hatte für mich persönlich etwas von kurzem, großem
Comeback. Von »Henry Maske gegen Virgil Hill«, ten
years after. Und er war sofort lebendig in mir, als ich am
Drehtag in der Maske saß, wie ein vertrauter Freund, den
man zwar Jahre nicht gesehen hatte, der aber zu einem
spricht, als sei er gestern erst in die Ferne gezogen und
gleich heute wiedergekommen. Nur gesetzter, erhabener.
Das war eine wundervolle Erfahrung. Alle Figuren, die ich
einmal in mein Innerstes gelassen habe, haben irgendwie
einen Stammplatz in meiner Seele, ein festes Zuhause bis
in alle Ewigkeit. Auch wenn ich sie lange nicht spiele –
einmal kurz angeschwungen, krabbeln sie sofort heraus
und sind wieder da. So war es auch, als ich im letzten
Jahr, nach fast zehn Jahren Pause, innerhalb einer »Dittsche«-Sendung als »Mike Hansen« in den Imbiss kam
und mir »unseren Helden im Bademantel« mal ordent-
lich zur Brust nehmen wollte. Flemming und Piggi sollten
im Vorfeld nichts davon erfahren, deshalb gab es noch
nicht mal eine Probe vor der Sendung. Im Hauseingang
neben dem Imbiss musste es ruck, zuck gehen: »Dittsche«
geht, überlässt den staunenden »Ingo« und »Schildkröte«

das Feld, und zwei Minuten später kommt »Hansen« rein. Schon beim Einsteigen in das 7-Kilo-Muskel-Korsett, die Bomberjacke und die Perücke mit den blonden Kammsträhnen kam er heraus, der alte »Gipsnacken«. Was für eine Wiedersehensfreude! Das tat mal wieder richtig gut, laut zu werden, auf den Putz zu hauen und Prügel anzudrohen. So was mache ich ja sonst nicht.

In Beckenbauers Haut ist es hingegen immer recht geschmeidig und kommod. Hast Du erst mal seine leicht flirrende Art zu fassen bekommen, oft bedeutungsvoll zu antworten, ohne eine wirklich griffige oder inhaltsvolle Aussage zu treffen, scheint in Dir automatisch die Sonne! Ein wundersamer Prozess. Du wirst entspannt und souverän und bemerkst, dass Du einerseits Unerreichbarkeit ausstrahlst und andererseits Sicherheit verbreitest. Das ist eine Art besonderer Lifestyle im Geiste, der Kaiser-Code sozusagen. Wenn man den in sich entzündet, geht der Rest ganz von selbst. »Der Franz wird's schon richten«, heißt es dann. Ein geflügeltes Wort seit Jahrzehnten, nicht nur beim FC Bayern. Eine Begabung, die Beckenbauer schon auf dem Platz hatte. Diese Ruhe, dieses »über jeden Zweifel erhaben« sein. Das stärkt doch jeder Mannschaft den Rücken. Und: Der Franz kann hinterher auch am besten erklären, warum's danebengegangen ist. Bei den anderen, versteht sich.

**Nach welchem Prinzip suchst Du eine Figur aus, die Du spielst?**
Ob in der klassischen, komischen Parodie oder jeder anderen Darstellerei von Figuren ist mir wichtig: Man sollte ihnen – frei erfunden oder nicht – im wahren Leben begegnen können. Das macht die Sache ja so spannend. In

der vermeintlichen Normalität liegt fast immer etwas Auffälliges, das sich lohnt, in einem Kammerspiel, einer Szene, einem ganzen Film oder einem Sketch gezeigt zu werden. Wesenszüge, die lebensnah und gleichsam fein überhöht werden, machen dem Betrachter doch fast immer Spaß. In der offensiven, pointierten Parodie liebe ich es, die von sich aus schon lustigen Eigenarten des Originals einfach nur nachzuspielen. Das reicht oft schon. Das muss man nicht mit Gags, die Du jeder beliebigen Comicfigur in den Mund legen könntest, noch anreichern und zukleistern. Darum geht es ja in diesem Moment: zu zeigen, dass die echte Person bereits von sich aus zum Piepen ist! Also den Mann einfach zeigen, wie er ist. Besonders gute Parodien bringen einen nie durch Kalauer oder Wortwitze nachhaltig zum Lachen. Sondern durch die pointierte Verkörperung des Originals. Max Giermann als Stefan Raab, Michael Kessler als Günther Jauch. Martina Hill als Daniela Katzenberger, Bastian Pastewka als Ottfried Fischer. Anke Engelke als Regine Hildebrandt. Und natürlich Helge Schneider als Udo Lindenberg. Das sind wirklich erstklassige Parodien.

Grundsätzlich muss mir jemand gefallen, damit ich mich ihm komisch annähern kann. In den Jahren von »RTL Samstag Nacht« waren die Figuren ja zwangsläufig oft laut und klar auf Lacher abgerichtet. Das hat tierisch Spaß gemacht, auch wenn mancher Promi gagmäßig echt zum Abschuss freigegeben wurde. Meine Sache ist das trotzdem nie so sehr gewesen. In den Jahren danach, zum Beispiel in der Reihe »Olli, Tiere, Sensationen«, habe ich manche »RTL Samstag Nacht«-Figur wiederbelebt, aus der Sketch-Deko herausgeholt und in die wahre Welt verfrachtet. Dort fingen sie noch viel mehr an zu leben, was mich immer schon sehr interessiert hat. Es geht mir nicht darum, jemanden vorzuführen und der Lächerlichkeit preiszugeben. Eher, seine komischen Seiten zu zeigen. Und wenn die Basis dazu eine Panne, die Entgleisung, die Hilflosigkeit oder die Niederlage ist. Dazu muss man auch mit der allergrößten Niete zu 100 Prozent sympathisieren. Dann lieben Dich Leute auch, wenn Du eben einen gewalttätigen, äußerst unerfreulich frauenverachtenden Zuhälter wie »Mike Hansen« spielst. Voraussetzung ist: Du zeigst, was für eine jämmerliche Mogelpackung der Typ in Wahrheit ist. »Hansen« war, sagen wir mal in den 80er-Jahren, gut im Geschäft, hat aber längst nicht mehr so viel Geld und Mädels wie in seinen großen Zeiten. Ein Großmaul, mittlerweile ein König ohne Reich. Ein armer Wicht, der trotzdem – oder gerade deswegen – die Klappe weit aufreißt. Er fährt mit einer rostzerfressenen Corvette in Blaumetallic durch die Gegend und zieht einen hüftsteifen, tauben Bullterrier hinter sich her. Dieser Kampfhund, der wie sein Herrchen nur von der Behauptung lebt, ein Killer zu sein, schläft beim Laufen fast ein, bleibt unvermittelt stehen, um zu verschnaufen, und fällt wie ein Holzhund ermattet zur Seite.

**Hitler hast Du auch gespielt.**
Na ja, ich würde eher sagen: Wir haben Quatsch gemacht in der letzten Ausgabe von »Zwei Stühle – eine Meinung«. Es ging inhaltlich um die »Humor-Offensive in Deutschland«. Und um die unaufhaltsame Comedy-Welle, die in der deutschen Kolonie »Ballermann« auf Mallorca bereits angerollt ist. Die rote Armbinde an meinem Kostüm trug im weißen Kreis kein Hakenkreuz, sondern ein Smiley. Vor einigen Jahren habe ich mir den Clip noch mal ange-

sehen, fand ihn allerdings nicht mehr so dolle. Wirklich witzig war eher die Probe dazu. Wigald und ich fuhren in Köln zum Decksteiner Weiher und flanierten Texte improvisierend in den Wald hinein, damit ich ungestört laut werden konnte im Hitler-Jargon. Gelegentlich schwadronierte ich mich schon ziemlich in Rage, Gott sei Dank beobachtete Wigald die Spaziergänger und warnte rechtzeitig vor sich rasch nähernden Radfahrern oder Joggern.

**Schaust Du Dir häufig Deine eigenen alten Sketche, Show- oder Filmauftritte an?**
Aus beruflichen Gründen, um den Vergleich damals und heute zu haben, würde ich mir die Sachen sicher nicht vornehmen. Aber in letzter Zeit habe ich manchmal Aufzeichnungen von »RTL Samstag Nacht« aus dem Schrank geholt und mit meinem Sohn angesehen, der ja inzwischen zehn Jahre alt und auch ein echter Spaßvogel ist.

**Welche Themen sind in der Comedy tabu?**
Einfache Regel: Je härter und ernster das Thema, desto besser muss die Pointe sein. Aber es gibt natürlich auch ganz klar Grenzen, vor allem wenn Du tagesaktuell arbeitest: überall da, wo Menschen zu Tode kommen, schwer erkranken oder Katastrophen zum Opfer fallen. Und natürlich bei allem, was unsere Kinder betrifft. Über Kinderpornografie oder Kindesmissbrauch Witze zu machen ist in jeder Hinsicht unter aller Sau und absolut indiskutabel.

**Würdest Du Scherze über den Islam machen?**
Nein.

Ich würde mit Dir gern über einige große Namen des deutschen Humors sprechen:

**Heinz Erhardt**

Seine intelligenten Texte und Gedichte sind einmalig. So etwas wie: »Es gibt Menschen, die wollen glänzen, obwohl sie keinen Schimmer haben.« Großartig. Oder Filme wie »Drillinge an Bord!«. Die Szene, in der er während des Sturms auf dem Kreuzfahrtschiff am Flügel sitzt und ungerührt, obwohl er samt Instrument durchs Bordcasino schlingert, »Linkes Auge blau, rechtes Auge blau« singt. Große Kunst. Sein Werk ist etwas ganz Besonderes, gerade ja auch vor dem Hintergrund seiner Zeit, dem Zeitgeist, den er repräsentiert. Erhardt begann seine Karriere in den prüden 50er-Jahren, die geprägt waren vom deutschen Spießertum und zugleich vom Beginn des Wirtschaftswunders, von dem Lebensgefühl »Wir können uns wieder etwas leisten«. Heinz Erhardt war aber weit mehr als »der lustige Dicke«, und es gab weit und breit keinen anderen Humoristen, der sich mit seinem Talent hätte messen können. Kabarettisten gab es schon, Komödianten seines Kalibers nicht. Wer sich ein bisschen mit seinem Leben beschäftigt hat, erfährt, dass Erhardt offenbar auch ein sehr ernster, bisweilen hadernder Mensch war, den viele Lebensängste geplagt haben müssen.

Vor einigen Jahren wurde von Ulrich Waller, dem heutigen Intendanten des St. Pauli-Theaters, ein Bühnenprojekt unter dem Titel »Erhardts Enkel« für die Hamburger Kammerspiele angedacht. Marek Erhardt sollte als leiblicher, ich als ideeller Enkel in dieser Zwei-Personen-Revue über den großen Meister agieren. Neben Sketchen und Musikteilen wurde daran gedacht, in authentisches biografisches Material einzusteigen, und so erhielt ich bei einem Besuch im Hause seiner Tochter die Gelegenheit, in Heinz Erhardts Ideenbücher Einblick zu nehmen. Solche Aufzeichnungen habe ich auch, mit festem Kartondeckel gebundene A4-Bücher. Angefangen bei den Themen aller »Dittsche«-Sendungen über unzählige selbst erdachte Szenen aus »RTL Samstag Nacht« bis hin zu Songs, Songtexten, Zeichnungen und Hunderten von einzelnen Ideen zu Sendungen, Szenen oder Liedern. Bis zurück in die frühen 8oer-Jahre. Jetzt durfte ich also in diese Bücher von Heinz Erhardt schauen. In Leder gebunden, ein echtes Heiligtum. Das war wirklich unglaublich aufregend und überwältigend zugleich. Als wenn man unveröffentlichte Songs von den »Beatles« hört. So müssen sich Archäologen fühlen, die eine verschüttete Schatzkammer entdecken. Denn es waren weniger Ideen- und mehr Tagebücher. Manuskripte, Textzeilen, Ideenbeschreibungen standen da natürlich. Aber dazwischen eingeklebte Zeitungsausschnitte, Kinoankündigungen und Kritiken. Mit einem grünen Stift war hier und da mal eine Zeile unterstrichen, an anderer Stelle hatte er handschriftlich Notizen gemacht zu Ausstrahlungsterminen oder anderen Begebenheiten, die ihm in diesem Zusammenhang wichtig waren. Aber es waren auch sehr persönliche Sätze zu lesen, die mich wirklich überrascht und durchaus sehr berührt haben. Sinngemäß etwa: »Ein Beamter hat es gut. Er hat ein geregeltes Einkommen und bekommt irgendwann seine Pension. Aber wir Unterhaltungskünstler müssen immer weitermachen. Wir haben keine gesicherte Existenz.« So etwa, in diesem Tenor. Erhardt hat sicher gut verdient, und ich denke, zu dieser Zeit war er ein wohlhabender Mann. Sein Werk hatte bereits große Bedeutung. Aber offenbar hatte er immer diese Ängste, dass es hinten und vorn nicht reichen und er morgen vergessen sein würde. Dieses Gefühl, diese bisweilen irrationale Existenzangst, die kenne ich gut. Nicht nur aus der Zeit Mitte der 80er-Jahre, als mal ein EC-Automat die Karte nicht mehr hergegeben hat. Ich weiß noch, wie ich in diesen Büchern von Heinz Erhardt blätterte und eine Gänsehaut nach der anderen bekam.

**Loriot**
Alles, was er gemacht hat, ist herausragend. Jeder kennt es. Sogar Leute, die vielleicht gar nicht auf Anhieb wissen, dass sie Loriot zitieren, verwenden spaßhaft Sätze wie »Mit Dir trinke ich am Liebsten, Du alte Schnecke« oder »Lassen Sie uns zur Sitzgruppe gehen«. Oder das mit entrüstetem Erstaunen vorgetragene »Ach. Ach was?!«

*Vicco von Bülow und Olli Dittrich bei »Beckmann«, 2007*

Schon oft gehört. Auch »Ein Klavier, ein Klavier« oder »Morgen bringe ich sie um«, »Sie können auch Krausbandnudeln haben« und »Lass doch mal das Kind nach vorne«. Oder auch »Was ist Trumpf? Kaaarooo!« Und selbstverständlich »Dieser Wein hat die Sonne eingefangen«. Wer kennt nicht Herrn Halmackenreuther, Herrn Müller-Lüdenscheid oder Herrn Dr. Klöbner?

Und bei mir im Telefonbuch steht Loriot unter »Opa Hoppenstedt«.

Man hat an allem Freude, bleibt an allem hängen, was sich Vicco von Bülow jemals ausgedacht hat. Das ist die wahre Anziehungskraft von Qualität. Zeichnungen, Sketche, Bücher, Filme. Ihn umgibt ein Kokon aus zeitlosem, feinsinnigem, großem Talent. An Einzigartigkeit und Würde. An Genauigkeit und Perfektion. Es gibt wirklich nur wenige, deren Humor alle Zeiten überdauert, immer lustig ist und unterhaltsam bleibt, nie an Kraft verlieren wird. Loriot hat auch immer etwas von und über Deutschland erzählt. Deshalb sind er und sein Werk ja auch ein Stück deutsche Kulturgeschichte.

Wie Valentin, Jaeger, Robert Gernhardt.

## Otto

Ich habe ihn so sehr in mein Herz geschlossen; was für ein Talent! Und was für ein feiner Kerl. Ein »funny bone«, ein echter Spaßmacher, jemand, der wirklich dazu geboren ist, Menschen zu unterhalten. Er ist irrsinnig musikalisch und schnell. Präzise aus dem Handgelenk. Vor allem ist Otto ein unglaublich guter Live-Entertainer, bis zum heutigen Tag. Der Mann ist über 60, noch heute füllt er die großen Hallen, und seine Filme ziehen über 7 Millionen Leute in die Kinos. Warum? Klar, seine Sachen sind immer top gemacht, und er kann einfach viel. Aber das ist es nicht. Es ist das, was so manchem TV-Comedian von heute entweder fehlt oder zügig abhanden gekommen ist: Otto liebt, was er tut. Und er versteht es wie kaum ein zweiter, seine Begeisterung 1:1 weiterzugeben. Kein »Lustige Leute«-Darsteller, sondern ein wirklicher Komödiant. Halte Dich mal fünf Minuten in seiner Nähe auf. Am besten, wenn es draußen regnet, Dein Hund gestorben ist, Dir Deine Frau weggelaufen und Dein Auto gerade geklaut worden ist. Nach zwei Minuten hast Du wieder gute Laune. In meiner Schulzeit saßen meine Freunde und ich oft im Kreis versammelt um den Plattenspieler herum und hörten uns seine LPs an. Dann überboten wir uns gegenseitig geradezu im Nacherzählen seiner Gags. Das kannte man eigentlich nur von Schülerbands, die die Hits von den »Beatles«, den »Stones« oder den »Kinks« nachzuspielen versuchten. Aber Solo-Sketche von einem Spaßmacher? So etwas hatte es zuvor einfach nicht gegeben. Otto war der erste wirkliche Bühnen-Comedian in Deutschland; lange vor der TV-Comedy-Welle der 90er-Jahre. Und der erste Komiker, der zum Popstar wurde.

*Otto Waalkes und Olli Dittrich nach einer Probe zu »Ottos Eleven«, 2010*

## Bastian Pastewka

Allein über das, was ich in über 80 Liveshows auf der Bühne mit Bastian an kleinen und großen Abenteuern, an Albernheiten und Ernsthaftigkeit, an Sternstunden der Unterhaltungskunst und an innigen Momenten erleben durfte, könnte ich ein ganzes Buch schreiben. Ich hoffe, unsere Freundschaft endet nie. Bastian ist der Beste.

*Bastian Pastewka und Olli Dittrich*

# Abflug

Nachmittags im Flughafen einer Millionenstadt. Check-in-Halle. Schlangen vor den Schaltern. Der etwas in die Jahre gekommene Fernsehstar, der hier in der Reihe geduldig darauf wartet, seinen Koffer auf das Band stellen und seine Bordkarte in Empfang nehmen zu können, hat anscheinend seine besten Jahre hinter sich. Keiner will ein Autogramm. Keiner bietet ihm den Vortritt an, keiner sagt: »Ich habe Sie gestern im Fernsehen gesehen, das war toll.« Seine Show, in der er über viele Jahre zu sehen war, wurde geräuschlos eingestellt.

Vor 14 Monaten. Keine Quote mehr, keine Fans mehr, keine Lust mehr, keine Sendung mehr. »Auslaufmodell«, »alberner Handlanger«, »Ein Schatten früherer Tage« – so schrieben die Zeitungen, als er es noch ein paar Mal als Sidekick probierte, in der Show eines anderen. Jetzt wirkt er irgendwie ausrangiert, wie er da so herumsteht in der Schlange. Entschleunigt und beiläufig, unglamourös pünktlich.

Das Jetset-Flair, der Duft des Erfolgs jener großen, schnellen, weiten Welt, die man aus dem Fernsehen kennt, umweht ihn hier nicht.

Der Mann ist erst knapp über vierzig, aber niemand scheint ihn mehr zu kennen, keiner dreht sich noch nach ihm um. So schnell geht das.

Langsam rücken jetzt die dicht hintereinander stehenden Passagiere auf, schieben träge ihre Koffer mit den Füßen über den polierten Steinboden. Bald, endlich ist auch er an der Reihe. Müdes, langweiliges Anstehen.

Bis ein Raunen das schläfrige Gedrängel unterbricht. Unruhe in der Reihe neben ihm. Hektisches Tuscheln, nur ein paar Meter entfernt.

Als wenn alle Glastüren des ganzen großen Airports mit einem Schlag aufgerissen worden wären, die Sonne wie im Zeitraffer hinter dem Horizont hervor bis an die Kuppeldecke springen würde; als wenn ein milder, frischer Wind voller Liebreiz und Licht, gefüllt mit sprudelnden, frischen Wassertropfen allen um die Ohren pfeifen und ihre Köpfe verdrehen würde, so rauscht sie heran, die Lady. Und während ein paar Teenager verzaubert, rotwangig, zitternd, nach einem Autogramm fragen und einem Foto, bittet sie hinter leicht getönter Brille am Schalter eilig um ihre Bordkarte. Sie ist ein großer Star. Jedermanns Liebling, zu Recht. Jemand, den man sofort bemerkt, wenn er den Raum betritt, der plötzlich lichterloh zu brennen scheint. »Können Sie bitte ein Foto von uns machen?«, fragt eines der aufgeregten Mädchen. Und das ausgerechnet IHN, unseren ausrangierten Entertainer von nebenan. Sie drückt ihm ihren Fotoapparat in die Hand und zeigt auf den Auslöserknopf.

»Aber gern«, sagt er nett, und während die ungleiche Gruppe eilig für einen Schnappschuss zusammengeschoben wird, hält er schon die Kamera vors Gesicht und knipst ein Bild. Beim Herunternehmen des Apparats bleibt für eine Hundertstelsekunde die Zeit stehen – genau in jenem Moment, da der große Star erkennt, wer denn da gerade das Foto gemacht hat.

Sie waren sich nie persönlich begegnet, aber natürlich

erkannte sie ihn sofort. Und in ihrem hübschen, berühmten, öffentlichen Gesicht röteten sich für einen Lidschlag die Wangen.

Es passierte 1999 in Hamburg.

Der Mann war ich.

Und die Frau Anke Engelke.

# Danksagung

Mein besonderer Dank geht an die großartigen Masken- und Kostümbildner, die mich seit Beginn der 90er-Jahre begleiten. Ohne sie wären meine Figuren niemals das geworden, was sie sind.

Ralf Karasch
Maskenbildner bei »RTL Samstag Nacht«, für 148 Ausgaben von »Zwei Stühle – eine Meinung«, 16 Folgen »Olli, Tiere, Sensationen« und den »Blind Date«-Episoden 1 – 4.

Katharina Pade und Brigitte Frank
Maskenbildnerinnen von der »Manufaktur« in München, für die Anfertigungen zu den »Blind Date«-Episoden 5 und 6, dem Special »Was tun, Herr Beckenbauer?«, allen Media-Markt-Kampagnen und den Figuren aus dem Kinofilm »Die Relativitätstheorie der Liebe«.

Michele Thevenet und Jenny Retzlaff
Maskenbildnerinnen, für die Umsetzung am Set bei den Media-Markt-Kampagnen und dem Kinofilm »Die Relativitätstheorie der Liebe«.

Michael Zinn
Kostümbildner, für alle Kostüme in den vorangenannten Produktionen.

*Ich danke Euch von Herzen für Eure Hingabe, Geduld und große Kunst.*

*Olli Dittrich*

Von Herzen danken möchte ich: Zelinda Zanichelli, Dorna Hekmat, Gabriela Herpell, Tina von Volckamer, Carolin Jostes, Christoph Mestmacher, Hilka Müller-Franck, Andreas Jäger, Gabriela Faasch, Janine Erdmann, Jack Gartmann, Thomas Hölzl und Ulrich Wank. Und natürlich – wie immer eigentlich und für alles: Antje Siemens, Anneliese Oetken und Many.

*Anne Ameri-Siemens*

Mein tiefer Dank geht an den begnadeten Autor, großartigen Freund und langjährigen Mitstreiter DIETMAR BURDINSKI, der am 21. 7. 2010 viel zu früh verstarb.

Du wirst immer in meinem Herzen sein.

*Olli Dittrich*

# Bildnachweis

**I. Textteil**

APE-Concerts: S. 161
Mathias Bothor: S. 189, 220
Kai-Uwe Franz: S. 150, 151, 160
Horst Galuschka: S. 177
Peter Lindbergh: S. 146
Morris Mac Matzen: S. 217
Stefan Menne: S. 174
Hilka Müller-Franck: S. 111
Thomas Trittschanke: S. 219
WDR/Mathias Bothor: S. 85

Alle übrigen: Olli Dittrich (privat)

**II. Tafelteil**

APE-Concerts: Tafel 19
Brigitte Frank, Katharina Pade, Ramirez: Einzelbilder/
Beba Lindhorst: Collage: Tafel 24
Kai-Uwe Franz: Tafel 18
Jürgen Holst: Tafel 6
Beba Lindhorst: Tafel 22 oben
Stefan Menne: Tafel 20 oben, 21 unten
Charlie Spieker: Tafel 22 unten
Mike Starrs: Tafel 15 unten
Michael Zinn: Tafel 23

Alle übrigen: Olli Dittrich (privat)

OSTERWOLD )))
audio

# Als Hörbuch erschienen

Gelesen von Olli Dittrich und Anne Ameri-Siemens

3 CD · ISBN 978-3-86952-080-3

www.osterwold-audio.de

**PIPER**

## Stefan Beuse
### *Gebrauchsanweisung für Hamburg*

224 Seiten. Gebunden

Wer mit dem Auto nach Hamburg will und es nicht besser
weiß, fährt durch den Elbtunnel. Und zwar ganz langsam.
Weil's so schön ist ...
Am Ende des Tunnels jedenfalls, wartet eine ganz neue Welt
auf den Besucher. Eine Welt aus Wasser, Wind und
Barbourjacken, aus rotem Backstein und prunkvollen
Villen, aus Business-Tempeln und dem Geruch von Teer und
Fisch. Nach dem Elbtunnel sollten Sie sich anschnallen:
Vergessen Sie alles, was Sie je über Seefahrerromantik
gehört haben. Über die Reeperbahn nachts um halb eins.
Über die Beatles im Starclub. Über blaue Jungs und
Hamburger Deerns. Hamburg ist anders. Ganz anders. Und
Stefan Beuse weiß warum. Er wird Ihnen erklären, warum
es so schwer ist, den Aal in der berühmten Aalsuppe zu fin-
den, warum der Hamburger im Grunde seines Herzens
schon immer ein Brite gewesen ist und warum man sich die
schöne »Strandperle« nicht um den Hals hängen kann.

01/1011/03/R

## Frank-Markus Barwasser

### Erwin Pelzig

*Was wär' ich ohne mich?* 176 Seiten mit 36 Schwarzweißfotos von Peter Freese. *Piper Taschenbuch*

Cordhut, rotweißes Hemd und Herrenhandtäschchen – das ist er, Erwin Pelzig, der fränkische Weltphilosoph, der über Tiefkühltruhen, den Dalai Lama und Designer-Söckli nachdenkt. Bei allen Antworten auf die großen Rätsel unseres Lebens bleibt nur eine Frage noch offen: Was verbirgt sich in seinem kunstledernen Herrentäschchen? »Erwin Pelzig – Was wär' ich ohne mich?« versammelt unter anderem auch die besten Texte aus den zwei Bühnenprogrammen »Aufgemerkt!« und »Worte statt Taten«.

»Nichts ist ihm fremd und heilig schon gar nichts. Selten sieht man einen Kabarettisten so gewitzt und schlagfertig.«
Süddeutsche Zeitung

## Hape Kerkeling

### *Ich bin dann mal weg*

Meine Reise auf dem Jakobsweg. 352 Seiten mit 35 Fotos. *Piper Taschenbuch*

Es ist ein nebelverhangener Junimorgen, als Hape Kerkeling, bekennende Couch potato, seinen inneren Schweinehund besiegt und voller Respekt und Unternehmungslust in Saint-Jean-Pied-de-Port aufbricht. Sechs Wochen Fußmarsch auf dem legendären Camino Francés liegen vor ihm, allein mit sich und seinem schweren Rucksack: über die Gipfel der Pyrenäen, quer durch das Baskenland nach Galicien zum Grab des Apostels Jakob, seit über tausend Jahren Ziel für Gläubige aus der ganzen Welt. Mit Humor und Blick für das Besondere erschließt Kerkeling sich die fremden Regionen, lernt die Einheimischen ebenso wie moderne Pilger und ihre Rituale und Eigenarten kennen. Er schildert den Reiz jeder einzelnen Etappe, erlebt Einsamkeit und Stille, Erschöpfung und Zweifel, aber auch Hilfsbereitschaft, Freundschaften und Momente, die für alle Entbehrungen entlohnen – und eine ganz eigene, überraschende Nähe zu Gott.

05/2148/02/L

05/2371/01/R

## Florian Bredl
### *Kunden aus der Hölle*
*Irrsinniges aus der Service-Welt.*
*160 Seiten. Piper Taschenbuch*

Unfreundlich, unverschämt, nervig, dumm oder schlicht verrückt? Jeder Verkäufer, Berater und Callcentertelefonist kennt sie: Kunden aus der Hölle. Ihre Mission: unnütze Arbeit verursachen, Zeit stehlen, Nerven rauben. Ihre Methoden: Zermürbung, Verwirrung, Fragefolter. Das einzige Gegenmittel: Lachen. Das erste Buch, das den Irrsinn der Service-Welt aus der Sicht der Leidtragenden schildert.

## Bastian Bielendorfer
### *Lehrerkind*
*Lebenslänglich Pausenhof.*
*304 Seiten. Piper Taschenbuch*

Was wird aus einem Menschen, wenn Mama und Papa Lehrer an der eigenen Schule sind – und somit an jedem Tag im Jahr Elternsprechtag ist, die Mitschüler einen zum Daueropfer ernennen und es bei den Bundesjugendspielen nicht einmal für eine Teilnehmerurkunde reicht? Genau: Er wird selbst Lehrer! Mit gnadenloser Selbstironie schildert Bastian Bielendorfer, wie er der pädagogischen Sippenhaft zu entrinnen versucht, und verrät dabei, welch zarte Seele sich unter so manchem grob gehäkelten Mathelehrerpullunder verbirgt.

05/2697/01/L          05/2698/01/R

## Lars Niedereichholz

### Unknorke

Roman. 240 Seiten.
Piper Taschenbuch

Marc blickt dem Ernst des Lebens ins Gesicht: schmales Reihenhaus, vollschlanke Ehefrau und ein herausfordernder Säugling – das ganze Programm eben. Jetzt muss dringend Geld her. Was bietet sich in dieser Situation für eine Lösung an? Ist doch klar: ein Job als AssistentIn der Geschäftsleitung. Und zwar nicht irgendwo, sondern in einer ökologischen Bank. So, das klingt schlimm? Das ist es auch ...

»Herrlich böse und ökologisch garantiert bedenklich.«
Buchjournal

## Paulus Vennebusch

### Giganten der Zärtlichkeit

Die unglaubliche Geschichte von
»Die Papi's«. 272 Seiten.
Piper Taschenbuch

Jürgen Schober und Manfred Trenk sind »Die Papi's« – und der lebende Beweis dafür, dass Begabung keine zwingende Voraussetzung für Erfolg ist: Mit viel Naivität, Glück und vom Spott aller objektiven Beobachter begleitet, werden die beiden zu Deutschlands erfolgreichstem Musik-Duo – und das mit haarsträubenden Titeln wie »Ein Stück weit geil«, »Null zu Eins für die Liebe« und »Sandro, der Junge mit den grünen Sandalen«! Auf ihrem Weg nach oben (und auch auf dem Rückweg) lassen sie kaum eine Peinlichkeit aus: eine vollkommen neue Qualität des Fremdschämens!

»Wer von Paulus Vennebusch einen seiner intelligenten, aberwitzigen und hochkomischen Sketche geschrieben bekam, konnte sich glücklich schätzen. Ebenso, wie jetzt die Leserinnen und Leser dieses Buches.«
Olli Dittrich
www.die-papis.de